답을
찾고 있습니다
사랑을 통해

답을 찾고 있습니다 사랑을 통해

지은이 김봉현

초판발행 2022년 12월 1일
발행처 그레텔의조약돌 주식회사
대표 김수진

주소 인천광역시 연수구 센트럴로 263
이메일 ron5585@naver.com
등록번호 778-81-02129

책값은 뒤표지에 있습니다.
ISBN 979-11-980981-0-8 03230

답을
찾고 있습니다

사랑을 통해

김봉현 지음

그레텔의
조약돌

contents

프롤로그 삶의 수많은 문제로 답답한 이들에게   _6

사랑에 대한 11가지 이야기   _16

○ Part 1

사랑, 하고 싶고
받고 싶다

---

1 사랑은 아름다움을 발견하는 일이다   _66

2 하나님 사랑   _88

3 영혼을 회복하는 사랑   _106

○ Part 2

성경에서
답을 찾다

4 우리는 왜 사랑에 실패하는가(아가서) _130

5 온전한 사귐과 누림은 가능한 일인가(요한일서) _139

6 복음과 사랑은 어떤 관계인가(로마서) _152

7 왜 이웃을 사랑해야 하는가(신명기) _164

8 복음을 이해하는 열쇠 _176

○ Part 3

사랑에서
답을 찾다

9 다른 사람과 맺는 사랑의 관계 _194

10 하나님 사랑이 바꾸는 삶의 감각들 _225

에필로그 모든 사람에게 사랑이 필요하다 _256

삶의 수많은 문제로
답답한 이들에게

    몸은 음식으로부터 에너지와 힘을 얻는다. 음식을 먹지 못하고, 시간을 보내면 몸은 움직일 수 있는 힘을 잃어버린다. 또, 몸은 음식을 통해서 성장한다. 성장기에 영양분을 제대로 공급받아야만 몸은 갖고 있는 가능성만큼 성장할 수 있다. 몸은 음식이라는 양식을 통해 성장하고 움직인다.

    그렇다면, 마음은 어떨까? 마음이 움직이고 성장하기

위해서도 에너지가 필요하다. 마음이 움직이는데 사용되는 에너지를 정서적 에너지라고 한다. 정서적 에너지가 없으면 마음은 움직이지 못하고, 성장하지 못한다. 그렇다면 마음에 힘을 주는 정서적 에너지는 무엇으로부터 올까? '사랑'으로부터 온다. 우리는 누군가로부터 사랑받을 때, 또 누군가를 사랑할 때, 정서적 에너지를 얻는다.

마음 성장의 힘 정서적 에너지

마음은 사랑이 부족하다면 사랑을 닮은 것들을 통해서 에너지를 얻는다. 어린 시절 부모에게 충분한 사랑을 받고 자란 사람은 풍부한 정서적 에너지를 갖고 있다. 마음이 잘 자라 있고, 마음을 움직이는데 필요한 에너지를 갖고 있다. 사랑하는 사람과 연애를 하고 있는 사람, 사랑하는 사람과 결혼한 사람, 사랑하는 자녀가 있는 사람, 사랑하는 가족과 함께하는 사람의 마음은 잘 자라고, 마음을 움직이는데 부족함이 없는 정서적 에너지를 갖는다.

친구들 사이에 인정과 지지를 받고, 깊은 연대감을 갖고 있는 사람 역시 풍부한 정서적 에너지를 얻는다. 사회에서 성공하고 인정과 선망을 받고 있는 사람도 정서적 에너지를 얻는다. 강한 자아와 자기 확신을 가진 사람이 자기 자신에게 인정받을 때, 내가 나를 사랑하는 것에서부터 오는 커다란 정서적 에너지를 얻는다. 사랑하는 일이나 취미, 어떤 대상이 있어서 그것에 집중하거나 그것을 즐기고 있을 때도 우리는 정서적 에너지를 얻는다.

보통 우리는 가족의 사랑, 사회의 사랑, 나 자신의 사랑, 타인에 대한 사랑을 통해서 정서적 에너지를 얻는다. 이 에너지를 통해서 마음이 움직이고 성장한다. 이것이 부족하면 마음의 성장하지 못하고 움직이지 못한다.

어린 시절 부모에게 사랑받지 못 했다. 정서적 무관심, 억압적인 교육, 부당한 대우, 불안정한 지원 속에서 자라면 마음이 충분히 성장하지 못하고, 움직일 힘이 없다. 연애와 결혼에서도 사랑하고 사랑받는 경험을 하지 못하고 상대를 이용하려고 하고, 상대에게 이용당하면서 갈등만 반복하거나, 아이를 사랑하지만 육아에 대한 부담으로 어찌할 바를 모르거나 그로 인해 아이와 지속적인 갈등에 노출되면 이 관계에서 정서적 에너지를 얻지 못하고 오히려 갖고 있던 정서적 에너지가 소비된다.

친구가 없거나 친구들 사이에서 인정과 지지를 받지 못하면 정서적 에너지를 얻지 못하고 오히려 에너지가 소비된다. 사회에서 인정받지 못하고 무지하다고 배제되거나, 끝없는 비판과 평가에 노출되거나, 무능에 대해서 비난을 받으면 정서적 에너지를 얻지 못하고 소비된다. 자신의 기준에 합당하지 못해서 삶에 대한 분노와 실망을 느끼면 정서적 에너지를 얻지 못하고 소비된다. 사랑하는 일, 취미, 대상이 없어서 모든 것에 무관심한 상태라면 정서적 에너지를 얻지 못한다.

이런 사람은 마음이 성장하지 못하고 움직이지 못한다. 마음이 성장하지 못했기 때문에 자신의 마음이 어떤 모습인지 알지 못한다. 자기 얼굴과 명함은 알지만 나라는 사람이 어떤 사람인지는 모르는 상태가 된다. 마음을 움직일 힘이 없기 때문에 무기력함에 빠진다. 배터리가 다 된 휴대폰과 비슷한 상태가 된다. 이런 상태인데 억지로 사회적 활동을 이어갈 때, 그래서 계속적으로 정서적 에너지를 소비해야 하는 상태에 나를 노출시킬 때 마음에 문제가 생긴다. 우울과 불안, 중독과 충동조절장애 등 마음에 문제가 생기고 마음에 대한 통제력을 잃어버리는 상태가 된다.

사랑이 중요한 이유

몸은 음식으로부터 힘과 에너지를 얻고, 마음은 사랑으로부터 힘과 에너지를 얻는다. 음식이 충분할 때, 몸은 자기가 가진 가능성만큼 성장할 수 있고, 오늘의 활동을 자연스럽게 이어갈 수 있다. 사랑이 충분할 때 마음은 자기가 가진 가능성만큼 성장할 수 있고, 오늘의 활동을 자연스럽게 이어갈 수 있다.

음식이 부족한데 과도한 노동에 던져지는 사람은 주린 배를 움켜잡고 그 노동을 감당하기에 고통을 느낀다. 사랑이 부족한데 지속적으로 정서적 에너지를 소비해야 하는 상황에 던져질 때, 가족과의 갈등, 적대적인 인간관계, 평가적인 사회생활, 마음을 써야 하는 사회적 업무 등이 지속될 때, 이 사람은 그 정서적 노동을 감당하는 것에 고통을 느낀다.

그래서 우리에게 "사랑"이 중요하다. 이 시대는 음식은 많지만 사랑이 부족한 시대다. 사랑이 부족해서 정서적 에너지가 부족하고, 그로 인해 마음이 자라지 못하고 마음이 움직이지 못하는 것이 자신의 가장 큰 문제인 사람들이 많다. 마음이 지쳐서 움직이지 않는데, 그 마음을 억지로 끌고 다니다가 마음이 다친 사람들이 많다. 그래서 사랑이 중요하다.

많은 사람이 정서적 에너지가 부족한 것이 자신의 문제라는 것을 잘 알지 못한다. 정서적 에너지의 부족은 자신에게 문제가 있다고 오해한다. 단순한 문제를 심각한 문제로 여긴다. 이런 오해가 심각한 문제를 만들어 낸다. 방전된 휴대폰을 고장으로 착각하고, 기기를 바꾸려고 한다.

이것이 단순한 문제라는 것을 이해해야 한다. 당신이라는 사람 자체에는 아무런 문제가 없다. 다른 사람이 되지 않아도 된다. 이미 당신은 충분히 좋은 사람이다. 단지, 정서적 에너지가 없어서 마음이 자라지 못하고 움직이지 못한 것뿐이다. 자라지 못한 상태, 움직이지 못한 상태는 당신의 인격 자체의 문제가 아니다.

많은 사람이 자신이 한심한 존재라고 생각한다. 인생 자체가 허무한 것이라고 생각한다. 원래부터 세상은 엉망이라고 생각한다. 나는 한심한 존재이고, 인생은 무의미한 것이고, 세상은 거지같은 곳이라고 생각한다. 그래서 이것이 해결되려면 엄청난 행운이나 깨달음, 압도적인 노력이 있어야 하는데, 나는 그중 무엇도 할 수 없어서 포기하고 주저앉아야 한다고 생각한다. 그러니 자연스럽게 사랑이라는 감상적인 단어는 나에게 별다른 의미가 없고 사랑이 나에게 중요한 주제도 아니고, 필요한 주제도 아닌 것이 된다.

내가 한심한 사람인 것이 문제다. 누군가 나를 사랑한다고 하더라도 내가 한심한 사람이라는 객관적인 사실이 바뀌지 않는다. 그러니 사랑은 내 인생에 아무런 대안도 되지 못한다고 생각한다.

또, 그 사랑 자체도 신뢰하기 어렵다. 한심한 나를 사람을 사랑한다면 그 사람의 수준도 알만한다. 그런 수준의 사람에게 사랑받는 것이 자랑스러울 것도 없고, 기쁠 것도 없다. 정말 멋진 사람이 나를 사랑한다면, 일단은 의구심을 갖게 된다. 도대체 왜라는 의심을 갖게 된다. 사랑이기보다 나에 대한 동정일 확률이 크다고 판단한다. 그러면 기분이 상한다. 동정이라는 것은 내가 열등한 사람이라는 평가가 들어가 있기 때문이다. 그런 고민을 하다가 이 고민 자체도 의미 없다고 느낀다. 내가 한심한 사람이라는 것이 문제의 핵심이고 그것은 사랑으로 바뀌는 것이 아니기 때문이다. 이런 잘못된 생각으로 인해서 자신의 진짜 문제가 무엇인지 인식하지 못하고, 그 문제에 대한 대답이 사랑이라는 것도 이해하지 못한다. 이 오해에서 벗어나야 한다.

오해에서 벗어나 사랑을 바로보다

당신이 움직이지 못하는 몸으로 태어난 것이 문제가 아니라 3일 동안 음식을 먹지 못한 것이 문제다. 당신의 몸에는 아무런 문제가 없다. 당신은 충분히 괜찮은 몸을 갖고 태어났고, 충분한 관리르 통해 원래의 괜찮은 상태를 회복할 수 있으며, 갖고 있는 가능성만큼 더 좋은 몸으로 성장할 것이다.

당신이 움직이지 못하고 상처받은 마음을 갖고 태어난 것이 문제가 아니라 아주 오랫동안 사랑 안에 있지 않아서 정서적 에너지가 고갈되는 것이 문제다. 당신이라는 사람, 당신의 마음에는 아무런 문제도 없다.

어떤 사람은 정서적 에너지의 문제를 갖고 있으면서도 그것이 자기 존재의 본질적 문제라고 착각한다. 물론, 좀 더 본질적인 문제를 가진 사람이 있을 수 있지만, 상당히 많은 사람이 본질적 문제가 아닌, 에너지의 문제, 에너지가 없는데 과도하게 마음을 사용하다가 발생한 문제들이라고 착각한다. 이 착각에서 벗어나야 한다. 이것이 정서적 에너지의 문제라는 것을 이해해야 한다. 그래서 사랑이 지금 나에게 가장 중요한 해답이라는 것을 깨달아야 한다.

이 책은 이런 사람들에게 사랑이 무엇이고, 사랑의 숙

제를 어떻게 풀어가야 하는지 설명해 준다. 지금 시대는 음식을 얻는 일이 너무나도 쉽다. 마음에 드는 식당에 들어가서 원하는 음식을 주문하면 음식이 앞에 놓여진다. 그런데 지금 시대는 사랑을 얻는 일이 이보다 어렵다. 마음에 드는 대상을 골라서 사랑을 주문한다고 사랑이 내 앞에 놓이지 않는다.

이전에 음식을 얻는 것은 이보다 어려웠다. 수렵과 채집의 시대에는 음식의 재료를 구하기 위해서 산과 들을 돌아다녀야 했다. 그렇게 어렵게 재료를 얻어도 그 재료를 맛있게 조리하기 위한 양념이나 도구를 얻기 위해서 또 그만큼의 노력이 필요했다. 그래서 이전에 음식을 구하는 것은 대단한 전문성이 필요한 일이었다. 하지만 먹고 살기 위해서 꼭 갖춰야 하는 전문성이었고 대부분의 사람들은 이런 전문성을 갖추고 있었다.

사랑을 얻는 일도 이와 비슷하다. 사랑을 구하기 위해서 산과 들을 돌아다녀야 하고, 어렵게 사랑을 구하더라도 그것이 사랑다운 사랑이 되게 하기 위해서는 또 그만큼의 노력이 필요하다. 그래서 지금 사랑을 구하는 것은 대단한 전문성이 필요한 일이다. 하지만 마음이 움직이고 자라기 위해서 꼭 갖춰야 하는 전문성이다. 마음을 가진 사람이라면 누구나 이 전문성을 갖고 있어야 한다.

　이런 전문성을 위해, 사랑에 대해서 함께 배워 보자. 사랑이 무엇인지, 사랑을 얻기 위해 무엇을 해야 하는지 함께 배우면서, 마음의 양식인 사랑을 얻기 위한 전문성을 가져 보자. 우리가 이것을 배울 수 있다면, 마음에 커다란 변화를 가져올 수 있을 것이다.

사랑에 대한
11가지 이야기

고슴도치 #착즙기 #가면무도회 #네임카드
#상속자 #자연인 #상처 입은 치유자
#좋은 사람 #노블리스#겜블러 #스테인드글라스

사랑, 내면의 에너지

사랑은 내면의 양식이다. 우리는 사랑에서 정서적인 힘을 얻고 그 에너지로 살아간다. 부모에게 받는 사랑, 친구들과의 우정, 사랑하는 사람과의 연애, 사회에서 받는 인정, 공동체의 지지, 스스로 자신을 사랑하는 것 등, 다양한 방식의 사랑으로 정서적 에너지를 얻는다. 이 에너지가 충분할 때, 우리 내면의 원래 모습을 유지하며 성장한다. 이때 사람은 행복하게 있는 그대로의 모습으로 살아갈 수 있다.

정서적 에너지를 갖고 있으면 그것을 바탕으로 다른 에너지원을 개발할 수 있다. 사랑을 많이 받고 정서적으로 풍성한 사람은 다른 사람을 사랑할 줄 알고, 그것으로 새로운 사랑을 만들어 내며, 그 관계로부터도 정서적 에너지를 충전받는다. 정서적 에너지가 부족하면 일이 다르게 흘러간다. 부모, 친구, 연인, 사회, 공동체, 자신으로부터 충분한 사랑을 받지 못한 사람은 정서적 에너지가 부족하다. 부족한 에너지는 문제를 만든다.

정서적 에너지가 부족하면 마음이 성장하지 못한다. 성장기에 충분한 영양분을 공급받지 못한 아이가 제대로 자랄 수 없는 것과 같다.

내면이 삶의 무게를 견디지 못한다. 몸이 건강하지 않은 사람이 일상생활을 감당하지 못하는 것처럼 내면이 건강하지 않은 사람은, 일상적인 삶을 견디지 못한다. 일상을 견디지 못하면 사소한 계기들로 우울, 무기력, 분노, 불안, 짜증, 권태 같은 감정에 휩쓸려 버린다. 이는 곧, 정서적 에너지가 부족하기 때문에 생기는 현상이다. 정서적인 활동을 제대로 할 수 없다. 사랑하는 관계를 지키고 만들어 갈 정서적 자산이 없다. 기존의 관계는 사라지고 새로운 관계는 만들어지지 않으면서 정서적 공급이 점점 더 떨어져 간다. 풍성한 사랑으로 새로운 사랑을 만들어 가는 선순환이 만들어지지 않고, 사랑의 부족으로 기존의 사랑마저 잃어버리는 악순환이 반복된다.

이는 몸과 유사하다. 몸은 음식을 통해 에너지를 얻는다. 음식 에너지가 충분한 사람은 이 에너지로 활동하고, 활동을 통해서 에너지원을 확보한다. 기존의 에너지를 바탕으로 새로운 에너지를 만드는 선순환이 가능하다.

어떤 사람은 먹을 것이 없다. 몸이 에너지를 얻지 못한다. 그러면 활동을 이어갈 수 없다. 활동을 하지 못하니 새로운 에너지를 확보하지 못한다. 에너지가 없기 때문에 에너지원을 만들 수 없는 악순환에 진입한다. 흉년이 들어서 먹을 것이 없다. 먹지 못해서 힘이 없다. 힘이 없으니 농사를 하지 못한다. 그러니 그 다음해가 되어도 먹을 것이 없다. 이런 악순환이 반복된다.

대부분의 사람들은 선순환과 악순환 사이의 어딘가에서 있다. 이때 섬세한 대안이 필요해진다. 먹을 것이 부족하면, 부족한 음식을 어떻게 나눠서 먹을지, 어떻게 힘이 낭비되지 않게 최소한으로 움직이면서, 다음 먹을 것을 만들어 낼 것인지에 대한 계획을 세워야 한다. 이렇게 계획을 세우지 않고, 있는 음식을 다 먹어 버리고, 힘들다고 움직이지 않는 사람은 살아남기 어렵다. 정서적인 에너지가 부족해도 마찬가지다. 이 부족한 내면의 에너지를 어떻게 나누어서 사용할지, 에너지가 낭비되지 않게 최소한으로 움직이면서, 정서적 에너지를 어떻게 만들어 낼지 계획을 세워야 한다.

보통 사람들은 자신의 상황에 맞게 어떤 대안을 세운다. 에너지 비축량과 사용 계획에 따라서 그 사람의 사랑의 색깔이 나타난다. 이제 대안에 따라서 나타나는 모습을 크게 11가지로 나눠서 살펴볼 수 있다.

고슴도치 사랑_ "나의 가시까지 품어 줄 사람이 필요해"

부모님은 나를 사랑해 주지 않으셨다. 깊은 무의식에서 나를 사랑하셨겠지만 그 사랑은 단단한 내면의 바닥을 뚫지 못했다. 부모님의 삶은 버거웠고, 나를 돌아볼 여유가 없었고, 돌아봐야 한다고 생각하지 않았다. 자녀에게 관심을 가져야겠다는 생각을 하면 착하고 공부 잘하는 첫째에게 눈이 갔고, 첫째를 돌볼 여력도 부족했기 때문에 나는 정서적으로 거의 방치되어 있었다. 툭툭 던지는 말 속에는 내가 알아서 해 주길 바라는 진심이 묻어 있었다. 그러고는 나이가 들자 나에게 의지한다. 자녀와 친구처럼 지내고 싶다는 환상을 갖고 있다. 장성한 자녀가 부모에게 감사하며 부모를 돌봐야 한다는 도덕적 신념을 갖고, 그렇지 않은 나를 은근이 비난한다. 지금도 부모는 나에게 은은한 분노이고 은근한 부담이다.

누군가 나를 사랑해 주길 바란다. 한 번도 제대로 사랑받지 못했다는 것이 늘 답답하다. 누군가 나를 사랑해 주었으면 좋겠다. 나를 좋아하고, 아끼고, 위로해 주었으면 좋겠다. 내 이야기를 즐겁게 듣고, 나를 즐겁게 해 주는 사람이 있었으면 좋겠다. 나의 약점을 품어 주고, 나의 아픔을 헤아려 주며 항상 내 옆을 지켜 주는 사람이 있었으면 좋겠다.

'을'의 위치에서 가시를 세운 사람

고슴도치는 정서적 에너지가 굉장히 부족한 사람이다. 그래서 누군가를 통해서 정서적 에너지를 얻길 간절히 바란다. 하지만 이런 을의 태도를 갖고 있으면 사랑을 줄 사람은 찾아오지 않고 사랑을 줄 것처럼 날 속이고 나를 이용하려는 사람들이 더 자주 나타난다. 그러니 이 사람들을 방어하기 위해서 가시를 세우게 된다. 겉으로 보기에는 관계를 싫어하는 것처럼 날이 서 있어서 일반적인 관계가 어렵지만, 누군가 사랑을 줄 수 있는 사람을 만나면 가장 연약한 모습을 보이면서 사랑받기를 기대하는 사람이 고슴도치다.

이 사람이 기대했던 사람을 만날 수 있다. 자신을 있는 그대로 사랑하고, 품어 주는 사람을 만날 수 있다. 연인, 친구, 또 다른 어떤 이름의 관계든지 이런 사람을 만나게 되면 큰 내적 계기가 될 수 있다. 그 관계를 통해 부족하던 정서적 에너지를 충전하고, 자신을 사랑하게 되고, 보통의 사람들과 건강한 관계를 맺어갈 수 있다.

이 사람은 고립될 수 있다. 이 사람은 평범한 관계에 만족하지 못한다. 내가 결여되어 있기 때문에 상대가 먼저 나에게 집중해 주길 바란다. 내가 어려울 때 상대가 섬세하게 반응해 주길 바라면서 상대가 어려울 때는 크게 반응하지 않는다. 말하고, 감정을 쏟아 놓으면 상대가 들어주고 수용해 주길 바란다. 반면에 상대의 말을 들으려고 하지 않고 평가적인 태도로 상대를 바라본다. 평범하고 건강한 사람들은 이 사람과 관계를 맺지 않는다. 이 사람도 그런 관계를 바라지 않는다.

이 사람은 쉽게 이용당할 수 있다. 어떤 사람은 이 사람의 패턴을 알고 있다. 이런 사람은 초기에 헌신적으로 잘해 주면, 이 관계를 너무 소중히 여기기 때문에 상대가 원하는 모든 것을 해 주는 패턴이 있다. 초기에 높은 경계심으로 상대를 대하다가, 상대가 나를 사랑하다고 인식하면 이 관계를 너무나 소중히 생각하기 때문에 이 관계를 위해서 모든 것을 할 준비가 되어 있다. 그러니 이런 패턴을 아는 사람은 이 사람에게 초기에 과도하게 잘해 줘서 경계심을 풀고, 그 다음에 자신이 원하는 것을 이 사람에게 얻고 더 이상 얻을 것이 없으면 관계를 정리한다. 상대의 정서적 패턴을 악용하는 것이다. 이런 경험을 몇 번 하게 되면 내적인 타격을 받는다. 스스로 문제가 있는 사람이 아닌지 생각하게 된다. 자신의 어떤 부분은 이미 무너져 내려서 고칠 수 없는 것이라는 생각이 든다. 멀리 있는 사람은 나의 그런 모습을 못 보기 때문에 나를 좋게 보지만 나를 가까이에서 보는 사람은 나의 무너진 모습을 발견하고 떠나는 것이라는 생각이 든다.

어떤 고슴도치는 진정한 사랑의 사람을 만난다. 그래서 날카롭게 세웠던 가시를 내려놓고 평범하게 사랑하고 사랑받는 관계 속으로 들어간다. 어떤 고슴도치는 그 사람을 기다리는 것을 멈추고 자신이 그 사람이 되어 준다. 그때 관계가 개선되고 스스로를 사랑하는 법을 배운다. 자신의 온기를 스스로지켜갈 줄 알게 된다.

어떤 고슴도치는 자신이 기다리는 사람은 없다는 것을 깨닫고 기다림을 멈춘다. 희망이 주던 에너지도 사라지면서 정서적 에너지가 더 급격하게 떨어진다. 외로움이 깊어진다. 내면이 일상을 견디지 못해서 반복적으로 부정적인 감정을 맞이한다. 이 파도에 휩쓸리지 않고 넘어가기 위해서 노력하는 것이 내적인 일상이다. 어느 순간, 이 파도를 넘어서지 못하고 배가 뒤집어질까 봐 두렵다.

착즙기 _ "나는 사랑이 더, 더, 더 필요해!"

사랑받지 못하고 자랐다. 부모의 사랑이 부족했다. 그러다 사랑하는 사람을 만났다. 그것으로 이 사람의 내면이 어느 정도 채워졌다. 하지만, 충분하지는 않다. 부모에게 받지 못한 부분까지, 내가 나를 사랑하지 못하는 부분까지 상대의 사랑으로 채워야 하기 때문이다. 그래서, 항상 사랑이 부족하다고 느낀다. 내가 부족하다고 느끼니 상대에게 요구하게 되고, 충분히 채워 주지 않는 상대를 비난하게 된다. 상대의 입장에서는 줄 수 있을 만큼 사랑을 주는데, 항상 만족하지 못하고, 불평하는 사람으로 보인다. 그만큼 사랑을 되돌려 주지도 않으면서 자신이 기대하는 만큼 받지 못했다고 상대에게 문제가 있는 것처럼 말한다.

'갈등'에 쉽게 빠지다

이 사람은 정서적 에너지가 부족한 사람이다. 이 부족한 에너지를 채워 줄 만한 사람을 만났는데 그 사람으로부터 받는 사랑이 부족하다. 그래서 최대한 그 사람에게서 사랑을 더 짜내려고 한다. 이 사람에게 사랑은 항상 '갈등'이다. 상대가 얼마큼의 사랑을 줄 수 있는 사람인지, 내가 필요한 만큼, 내가 원하는 만큼 상대에게 받으려고 하기 때문에 갈등이 일어난다. 상대가 줄 수 있는데 주지 않는다고 생각하면 갈등하다가, 상대가 그만큼 줄 수 없는 사람이라고 생각하면 실망한다. 자신이 원하는 만큼 상대에게 사랑을 받으려고 상대를 압박하는 착즙기와 같다.

이 사람이 특별한 사람을 만날 수 있다. 자신이 기대하는 것 이상의 사랑을 주는 사람을 만날 수 있다. 상대가 너무 좋은 사람이어서 이 사람의 기대를 채워 줄 수도 있다. 그러면 달라진다. 이미 사랑이 채워지고 있는 과정이기 때문에 어느 정도 사랑이 채워지면 불평이 줄어들고, 상대에게 감사할 줄 알고, 상대에게 사랑을 주고 싶어 한다. 상대는 이미 나를 충분히 사랑하고 있었기 때문에 사랑을 돌려주면 더 큰 사랑이 돌아온다는 것을 안다. 그러면서 사랑이 더 많이 충전되고 어느 지점에서는 불평 없는 만족의 지점에 도달할 수 있다.

관계가 무너져 내릴 수 있다. 상대는 나를 사랑하고, 자신이 줄 수 있는 사랑을 주고 있다. 그런데 내가 그만큼의 사랑을 돌려 주지도 않으면서, 상대가 주는 것을 항상 부족하다고 하고, 상대가 나에게 잘못하고 있는 것처럼 비난한다면 상대의 마음이 식는다. 이 사람의 입장에서는 사랑을 더 달라는 요청에 오히려 공급량이 줄어드니 더 화가 나고, 상대를 공격하게 되고, 상대는 마음이 식는 것을 넘어서 부당함을 느끼고 분노하게 되며 갈등으로 접어들게 된다. 그러다가 관계 자체가 무너져 내리기도 한다.

이 사람은 고립될 수 있다. 받으려고 하는 이기적인 태도는 상대를 압박하는 폭력적인 방식이기 때문에 특별히 이 사람을 사랑하는 사람이 아니라면 정서적 관계를 맺지 않으려고 한다. 이 패턴이 주변에 모두 알려지면 관계적으로 고립될 수 있다.

가장무도회 _ "나도 진짜 나를 모르겠어"

사람들이 어떤 모습의 사람을 좋아하는지 잘 안다. 그래서 그 모습을 연습했다. 사람들과 잘 어울리고 모임을 주도하는 사람을 멋있다고 하면 연습해서 그런 사람이 되었다. 다른 사람의 눈치를 보지 않고, 자신의 방식대로 사는 사람이 멋있다고 이야기하면 그런 사람이 되었고, 예의가 바르고 따뜻한 사람이 멋있다고 하면 그런 사람이 되었다.

욜로(YOLO)가 유행이면 오늘만 사는 사람처럼 여행을 다녔고, 플렉스를 하고, 투자가 유행이면 미래를 대비하는 사람처럼 투자 지식을 자랑하고 주식과 부동산에 관심을 두었다. 사람들이 멋있다고 하는 모습을 연습해서 그런 사람이 되었다.

한 사람과의 관계에서도 그랬다. 사랑받고 싶은 사람이 생기면 그 사람이 원하는 모습을 연습해서 그런 사람이 되었다. 가정적인 사람을 좋아하는 사람을 만나면 스스로 가정적인 사람이라고 소개하고 그런 사람이 되었다. 도전적인 사람을 좋아하는 사람을 만나면 자신을 도전적인 사람이라고 소개하고 그런 사람이 되었다. 주도적인 사람을 좋아한다고 하면 주도적인 사람이 되었고, 배려하는 사람을 좋아한다고 하면 배려하는 사람이 되었다.

어느 지점에 이르자 여러 모습으로 사는 것에 능숙해졌다. 어떤 사람을 만나는가에 따라서 상대가 원하는 모습이 되어 줄 수 있었다. 새로운 모습을 연습하는 것도 익숙해졌다. 새로운 캐릭터를 익히는 방법을 알게 되자 금방 새로운 모습을 습득하게 되었다. 점점 더 다양하고 많은 사람에게 사랑받는다. 하지만, 어느 지점에서는 정말 나는 어떤 사람인지 스스로 혼란스럽게 된다.

내면의 혼란스러움에 빠지다

가장무도회의 사람 역시 정서적으로 부족한 사람이다. 단지, 능동적인 사람이어서 이 문제를 적극적으로 해결하려는 것뿐이다. 그는 문제가 생겼을 때 스스로 해결하려고 한다. 그러나 정서적 에너지가 부족하다. 이 문제를 해결하려면 누군가 나를 사랑해 주길 기다리기보다 내가 사랑받을 만한 사람이 되어야 한다고 생각한다. 이것은 단기적으로는 문제를 해결하는 것처럼 보인다. 사람들이 좋아해 주기 때문이다. 하지만 근본적인 한계를 갖고 있다. 사랑받는 것은 '진짜' 내가 아니라 연기하는 캐릭터이기 때문이다. 상대가 원하는 모습을 보여 줘서 나를 좋아하는 것이지, 진짜 나를 좋아하는 것이 아니다. 상대는 내가 어떤 사람인지 잘 알지도 못한다.

가장무도회의 사람은 혼란스러운 내면을 갖는다. 연기하는 캐릭터와 자신을 동일시하는 시점에서는 모든 사람에게 사랑받는 사람으로서의 충분함을 느끼다가, 동일시가 깨지는 지점에서 진짜 나를 아는 사람은 없고 있는 그대로 사랑받지 못한다는 우울감을 느낀다. 누군가 있는 그대로의 나를 알아봐 주길 바라면서도, 아무도 내 연기에 의구심을 갖지 않고 그 모습으로 나를 봐 주길 바라기도 한다. 그렇게 혼란스러운 내면을 갖는다.

이 사람은 점진적으로 건강한 사람이 될 수 있다. 처음에는 진짜 자신과 연기하는 자신 사이에 거리가 멀지만, 어느 지점부터는 이 거리를 줄여 나갈 수 있다. 사람들의 인정과 사랑의 에너지가 축적될수록 이 거리를 줄일 수 있고, 나자신을 조금씩 덜 포장해서 보여 주는 정도까지 줄일 수 있으면 혼란스러움이 사라지고 사람들에게 받는 사랑을 흡수할 수 있게 된다.

또, 관계에서 주도적인 위치를 점할 수 있다. 상대가 원하는 모습을 보여 주며 관계를 맺고, 진심을 어느 정도 나눌수 있는지를 파악해서 상대와 관계적 거리를 설정하면 모든 사람과 적당한 거리를 유지하며 좋은 관계를 맺을 수 있게 된다. 진심을 나누는 소수의 사람, 서로 어느 정도 진솔하게 관계를 맺는 사람들, 원하는 모습을 보여 주며 때에 따라 도움을 주고받는 관계, 이렇게 다층적으로 관계를 설정하며 관계를 주도적으로 끌고 갈 수 있다.

고립감을 느낄 수 있다. 개인적인 자아가 누구와도 관계를 맺지 못하면 어느 지점에서는 깊은 정서적 고립감을 느끼게 된다. 많은 사람과 웃고 떠들고 있으면서도 외로움을 느끼거나, 수많은 인간관계 속에서도 진심을 나누는 관계가 없다며 외로워한다.

열등감도 느낀다. 상대가 원하는 모습으로 연기해서 인정과 사랑을 받다보면 있는 그대로의 내 모습으로는 사랑받지 못한다는 생각으로 늘 초조하다. 내가 만들어 낸 모습이 사랑받을수록 이런 열등감은 더 커지기도 한다.

피로감을 느낀다. 상대가 원하는 모습으로 행동하는 것은 일종의 연기다. 그 모습을 유지하는 데는 많은 에너지가 필요하다. 자연스러운 모습이 아니기 때문이다. 그렇기 때문에 관계에 피로감을 많이 느낀다. 사람들과 함께 있는 시간이 많으면 그만큼 혼자 있는 시간이 꼭 필요하다.

관계를 무시하는 마음을 갖게 되기도 한다. 내가 연기이기 때문에 상대도 연기일 것이라고 생각할 수 있다. 상대가 나에게 진심으로 잘해 주더라도 쉽게 믿지 않는다. 관계가 모두 가면의 관계가 되면 그것이 관계의 전부라고 생각하고 관계는 사회생활의 유익을 위해서 어쩔 수 없이 하는 것이라는 생각을 갖게 된다.

가면을 쓴 사람 중에 어떤 사람은 이것을 징검다리 삼아서 좋은 관계를 맺는다. 하지만 어떤 사람은 거기에 머물러 있다가 혼란에 빠진다. 정서적 에너지를 충전받지만 좋은 에너지가 아니다. 극단적인 상황에서는 휘발유 차에 경유를 넣는 것과 같은 상황이 되기도 한다. 오히려 가면의 자아로 사랑을 받는 것이 내면의 엔진을 망가트리기도 한다.

네임카드 _ "성공이 곧 나야!"

성공을 향해 달린다. 관계에 있어서 사랑받고 싶다는 생각은 거의 없다. 관계 자체에 대해서 큰 관심이 없다. 자신의 정서적 결여는 성공으로 채워지는 것이기 때문이다. 모두가 인정하는 자리에 올라서 관심과 선망을 가질 때, 이 모든 갈증이 채워진다. 이 갈증은 내가 평범하게 느껴지면서 시작된 갈증이기 때문이다.

특별하다고 생각하지 않았지만 돌아보니 특별하다고

느끼면서 살았다. 항상 공부를 제일 잘하는 학생이었고, 가장 좋은 대학에 갔다. 그곳에서도 잘하는 편에 속해 있었고 주목받기도 했다. 그때의 특별함이 너무 당연한 것이었고 주목과 선망도 일상적인 것이었다. 그래서 그것이 에너지와 자부심을 준다는 것도 깨닫지 못했다.

그러나 회사를 들어가고부터 문제가 생겼다. 그곳에서 지극히 평범했다. 비슷비슷한 회사원일 뿐이다. 회사에서 일을 잘하고 인정도 받았지만 그냥 회사원이었다. 회사원은 특별한 사람이 아니다. 너무나 평범한 사람들이다. 이제 어떤 회사를 다닌다고 이야기하는 것은 주목과 선망의 이슈가 아니다. 사는 동네나 내 이름과 같은 것이었다. 아무런 주목과 선망이 없었다. 그때부터 문제가 생긴다. 스스로 너무 평범한 사람이라는 것이 받아들여지지 않았다. 갈증이 생긴다. 곧 존재하고 싶은 갈증이었다.

주목과 선망을 위해서는 다른 것이 필요하다. 이 조직에서 빨리, 높이 올라가야 한다. 아니면 여기서 벗어나 무엇인가 창업을 해야 한다. 아니면 투자와 운용에 압도적인 성공을 거둬야 한다. 성과가 필요하다. 그래서 다시 특별해져야 한다. 이렇게 평범한 사람으로 살고 싶지 않았다. 다시 특별한 사람이 되고 싶었다. 그래서 성공을 향해 달렸다. 자신의 이름이 새겨질 만한 무엇을 만들기 위해서 열심을 내었다. 그것이 이뤄지고 있다고 생각하면 에너지가 넘쳤다. 그렇지 않으면 에너지가 사라졌다. 그러다 보니 하루하루를 견디는 상태가 되었다. 그래서 사람이 항상 꿈이 있어야 한다고 생각했다.

성공과 인정을 위해서 끝까지 달리다

성공은 그 자체로 큰 정서적 에너지를 준다. 누가 직접적으로 나에게 무엇이라고 하지 않더라도 나의 특별함을 느끼는 것만으로 충분한 정서적 에너지가 된다. 성공은 관계의 문제도 해결한다. 성공하면, 사람들이 선망하고, 특별하게 생각하고 주목한다. 평범하면 무관심하고 실패하면 무시한다. 성공한 이후에 겸손하고 친절하면 모두 칭찬한다. 성공하지 못하고 겸손하고 친절하면 만만하게 생각한다. 그러니 관계 자체를 따로 생각하기보다 성공에 집중하는 편이 좋다. 관계는 성공에 따라오는 보상이기 때문이다. 관계는 성공에 대한 사람들의 반응일 뿐이다. 관계를 신경 쓰기보다 성공에 집중하는 것이 좋다.

네임카드 역시 정서적으로 부족한 사람이고, 이 부족의 문제를 적극적으로 해결하려고 하는 사람이다. 이 사람은 모두가 인정하는 자리에 앉는 방식으로 문제를 해결하려고 한다. 결핍과 능동적 해결이라는 맥락에서는 가장무도회의 사람과 같다.

네임카드는 사회적 성과와 자신을 동일시하는 사람이다. 자신이 이루어 낸 것, 자신이 서 있는 자리로 인정받는 것을 자신에 대한 사랑으로 느낀다. 사회적 성과와 자신을 동일하게 보는 것이 당연하기에 인정을 통해 정서적 에너지를 흡수해서 사용하는데 문제가 없다. 단지, 자신의 위치나 성과가 흔들릴 때, 내면이 붕괴한다. 평범한 결과나 실패한 결과가 찾아왔을 때 우울, 분노, 불안, 무기력 같은 부정적 정서에 휩쓸리고, 관계를 통해서 이것을 얻는 법에 익숙하지 않기 때문에 주변에 좋은 사람이 있더라도 이 문제가 잘 해결되지 않는다.

성공한 사람은 정서적 여유를 얻을 수 있다. 선망은 상대를 아름답게 보는 사랑의 본질과 닮아 있기 때문이다. 물론, 대상의 차이는 있다. 사랑은 그 사람의 변하지 않은 영혼을 아름답게 보는 것이고, 선망은 그 사람이 이루어 낸 사회적 성과를 아름답게 보는 것이다. 하지만 성과를 자신과 동일시하는 사람은 이 두 가지를 비슷하게 느낀다. 그러니 성공에 집중한 사람에게 성공은 굉장히 큰 정서적 에너지를 준다. 이 정서적 에너지를 잘 활용하는 사람은 이 여유를 통해서 진정한 자신을 찾아 사랑하고, 다른 사람의 중심을 헤아리며 그 사람을 사랑하기도 한다. 이 정서적 자산으로 건강한 사랑을 시작하는 것이다. 이 사람에게 성공은 영혼과 관계의 측면에서도 큰 선물이 된다.

실패한 사람은 정서적으로 큰 타격을 받는다. 사회적으로 실패한 것이 아니라 평범한 삶을 살고 있더라도 큰 타격을 받는다. 자신을 가치 없는 존재로 여기고 자존감이 떨어진다. 자신이 지워지는 것만 같아 우울함을 느낀다. 자신과 삶에 실망감을 갖는다. 그것이 누군가를 향한 원망과 분노로 표출되기도 한다. 열등감이나 자격지심을 갖고 민감하게 반응하며 주변 사람을 힘들게 하기도 하고, 자신을 부끄럽게 생각하기 때문에 모든 관계를 단절하기도 한다.

성공과 실패에 상관없이 관계의 미숙함을 보이기도 한다. 관계를 내 성공에 대한 사람들의 반응이라고 생각하기 때문에 관계 자체에 대해서 생각하고 연습하지 않는다. 사람과 사람으로 누군가와 대화를 나누고, 상대를 헤아리고, 내 마음을 나누고 그 과정에서 정서적으로 힘을 얻는 것을 할 줄 모른다.

사람에 대한 관점이 틀어지기도 한다. 평범한 사람이나

평범에도 미치지 못한 사람을 한심하다고 생각하는 것은 자신에게 국한되지 않는다. 다른 사람을 볼 때도 이렇게 생각한다. 밖으로 표현하지 않더라도 마음으로는 상대의 사회적 위치에 따라서 상대를 보고, 선망하거나, 무관심하거나, 무시하는 마음을 갖는다.

성공으로 사랑을 대신 하는 것은 아주 위험하다. 성공이 가져다주는 선망으로 정서적 에너지를 충전하는 것은 위험하다. 자신의 사회적 위치가 사라질 때, 자신이 사라지는 것 같은 정서적 위기를 겪을 수 있기 때문이다. 나와 내 사회적 위치 사이의 거리를 인지하지 않고, 사회적 자아가 얻는 정서적 에너지를 유일한 정서적 통로로 삼는 것은 어느 지점에서든지 큰 문제를 만들 수 있다.

상속자 _ "외로움을 견딜 수 있을까?"

괜찮은 가정에서 평범하게 사랑받고 자랐다. 좋은 친구들이 있었고, 나쁘지 않은 연애를 했다. 하지만 나이가 들수록 좋은 관계가 줄어간다. 결혼은 하지 않았고, 연애의 기회도 줄어들었다. 친구들과 형제들은 각자의 삶으로 멀어졌다. 부모님은 연로하시고, 새로운 사람과 마음을 나누는 관계를 맺을 기회는 잘 생기지 않았다. 이제 혼자 사는 법을 배워야겠다고 생각하고 운동도 하고, 책도 읽고, 여행도 다녔다.

현재는 나쁘지 않은 삶을 살고 있다. 하지만 기본적으로 적자 재정이 계속되고 있다. 충전되는 정서적 에너지에 비해 소비되는 에너지가 더 많다. 모아 놓은 정서적 자산으로 적자분을 채우고 있는데, 이것이 점점 줄어들어서 걱정이다. 나이가 들어가면서 외로움의 순간이 잦아지고, 깊이가 깊어진다. 그나마 만나는 오래된 관계들과도 만나는 주기가 점점 더 길어지고 있다. 이러다가 어느 순간 더 이상 의미 없는 관계가 될 것 같아 두렵다. 부모님이 떠나시면 견딜 수 있을지 걱정이다. 오늘은 괜찮지만 내일이 무섭다.

물려받은 것으로만 살아가다

상속자는 부족하지 않을 정도의 정서적 에너지를 갖고 있는 사람이다. 상속자는 엄청난 에너지를 받았다는 의미이기보다 물려받은 것을 갖고 살아간다는 의미다.

상속자는 받은 것을 잘 운영해서 늘려 나가는 것에 대안을 찾지 못한다. 이것은 이 사람의 잘못이 아니다. 자산을 늘려 가는 데는 본인의 능력도 중요하지만 주변의 환경도 중요하다. 모든 자산 가치가 하락하는 시기에 자산을 늘리는 것은 불가능하다. 투자를 해도 손실을 볼 것이고, 현금을 갖고 있어도 현금 가치는 하락할 수 있다. 정서적 자산도 마찬가지다. 주변 사람과 관계를 맺더라도 정서적 손실만 가져올 사람들만 있고, 개인의 환경도 정서적 자산을 소비하도록 되어 있다면 이것을 유지하는 일은 쉽지 않다. 나와 잘 안 맞는 사람들, 삭막한 환경에서 살아가면 갖고 있는 정서적 자산이 서서히 줄어가게 되어 있다.

상황이 달라지면 자연스럽게 모든 문제가 해결될 수 있다. 새로운 사람들을 만나 좋은 관계를 맺고 그 사람들과 서로 힘을 주는 사이가 될 수 있다. 더 성숙한 사람이 되어서 나 자신과 좋은 관계를 맺어 혼자서도 외롭지 않은 사람이 될 수 있다.

반대로 걱정이 현실이 될 수도 있다. 기존의 관계는 점점 멀어지고, 쌓아 놓았던 정서적 에너지는 사라져서, 어느 순간 정서적으로 메마른 상태가 될 수 있다. 가끔 충전이 되는 지점도 있지만, 소비되는 에너지가 감당할 수 없이 커서 정서적인 만성적자 상태가 이어질 수 있다. 그렇게 눈덩이처럼 커진 외로움은 숨쉬기 어려울 정도로 어깨를 짓누른다.

자연인 _ "나는 나를 사랑하지만..."

자신을 사랑할 줄 아는 사람이다. 관계의 거울에 따라 자신을 보지 않고, 스스로를 볼 수 있는 눈이 있다. 자신의 아름다움을 알고 있고 자신을 사랑한다. 하지만 아직 부족하기에 정서적 에너지가 떨어지면 이것이 잘되지 않는다. 자연스럽게 이것이 되기보다 이 감각을 찾고 유지하기 위해 노력해야 한다. 이 사람에게는 자신과의 시간이 가장 중요하다. 내가 나의 아름다움을 보고, 스스로를 사랑하며 그 사랑 속에서 느끼는 내적 평화와 에너지를 유지하는 것이 가장 중요하다.

그런데, 주변을 보니 서로에게 힘이 될 수 있는 건강한 사람이 없다. 겉모습은 좋아 보이지만 정서적으로는 메말라서 사랑을 받고 싶은 간절함만 가진 사람들이다. 아닌 척하고 있지만 기회가 되면 상대에게 기대고 싶은 마음만 가득한 사람들이다. 관계를 맺으려는 이유가 자신의 어렵고 힘듦을 말해 상대에게 힘을 얻기 위함인 사람들이다. 독립적이고 주체적으로 보이고 싶어 하지만 중심은 이렇다. 이런 사람과 엮이면 정서적으로 지친다. 이런 관계들 사이에서 살아가는 것보다 혼자 살아가는 것이 훨씬 좋다. 내가 나를 아끼고 사랑하는 것이 더 좋다. 이 사람은 혼자 지낸다.

굳이 관계를 맺으려고 하지 않는다.

지나친 경계심으로 관계를 잃어버리다

자연인은 부족하지 않을 정도의 정서적 에너지를 갖고 있는 사람이다. 그리고 자신을 사랑하고, 자신에게 좋은 환경을 만들어 주는 것을 통해서 정서적 에너지를 유지하는 사람이다. 이 사람은 사회적 인정이나 인간관계의 애정으로부터 자유롭다. 자신을 사랑하는 것에서 정서적 에너지를 얻는 정서적 자급자족을 이루기 때문이다. 하지만 이것이 사회적 충전의 기회를 막기도 한다. 이 사람은 다른 사람과 더불어 살아가는 것에 미숙해서, 관계와 공동체 속으로 들어가면 정서적 에너지를 빼앗긴다. 나쁜 사람들 사이에 있다면 자연인은 자기만의 생존법을 갖고 있는 사람이지만, 좋은 사람들 사이에 있다면 더 풍성한 삶의 기회를 놓치는 미숙한 사람이다.

이 사람은 관계적으로 안 좋은 시기에 자신을 잘 지킨 사람일 수 있다. 그러다가 주변에 건강하고 좋은 사람들이 나타나면 그 사람들과 기쁘게 상호적인 관계를 맺을 수 있다.

이 사람은 관계적으로 고립될 수 있다. 내가 좀 더 넉넉

한 마음을 갖는다면 서로 사랑하는 관계가 될 수 있고, 더 많은 에너지를 서로 얻을 수 있는데, 자신을 지키겠다는 경계심이 지나쳐서 이런 기회를 놓치는 사람일 수 있다.

상처 입은 치유자 _ "네 상처가 마음이 아파"

자신의 상처를 보고 살아가다가 비슷한 상처를 가진 사람들이 보였다. 그 사람들을 돕기 시작했다. 그 사람들이 나 같아서, 마음 아파했고, 진심으로 돌봤다.

그들이 회복되는 것을 보면, 내가 회복되는 것만 같았다. 과거로 돌아가 해결할 수 없는 나의 상처가 치유되는 것 같았다. 그 사람들이 나에게 감사하면 그 사랑이 나를 채웠다. 내가 소중히 여기는 사람들에게 소중한 사람이라는 것이 마음을 채웠다. 사랑을 베푸는 것에 대한 자부심도 생겼다. 내가 베푸는 사람이고, 누군가에게 도움이 되는 사람이라는 것 자체가 자부심이 되었다.

사랑함으로 회복되다

상처 입은 치유자는 사랑받음으로 에너지를 얻는 것이 아니라 사랑함을 통해서 에너지를 얻는다. 사랑함에서 에너지를 얻으려면 자신이 정서적 에너지가 충분해야 한다. 다른 사람을 사랑하면서 에너지를 얻는 것은 초기에 에너지가 많이 소모되는 일이다. 상대로부터 그 사랑이 돌아오지 않으면 그만큼의 에너지는 손실되기 때문에 에너지가 충분하지 않은 사람이 시도했다가는 고갈 상태에 빠질 수 있다. 상처 입은 치유자는 정서적 에너지가 많은 사람이 아니다. 그런데 이 사람이 이런 방식으로 에너지를 얻을 수 있는 이유는 '동일시'의 구조 때문이다. 매우 독특한 현상이다. 자신과 같은 상처를 가진 사람을 보면 자신과 동일시하게 된다. 그래서 그 사람을 돌보는 것이 마치 자신을 돌보는 것처럼 느껴진다. 상대의 회복이 곧 자신의 회복이 되는 것이다. 어린 시절의 상처를 극복하지 못해서 어려워하던 사람이 자신과 같은 상처를 가진 아이를 보고 그 아이를 돌보면서 자기 상처를 치유해 가는 것이다. 자기와 같은 아픔을 가진 사람을 자신과 동일시하기 때문에 작은 정서적 여유로도 그 사람을 사랑할 수 있다.

이 사람은 특정 상황, 특정 상대에게 사랑을 베푸는 사람이지만, 다른 상황 다른 사람에게는 그와 전혀 다른 모습을 보이기도 한다. 이 사람은 치유자가 될 수 있다. 자신의 상처를 통해서 다른 사람의 상처를 알아보고 치유한다. 그리고 그 과정을 통해 자신이 치유된다. 사랑받음으로 회복되는 것이 아니라 사랑함으로 회복되는 것이다. 그것을 통해 정서적으로 건강해질 수 있다. 비슷한 상처를 가진 사람을 사랑했던 경험으로 다른 상처를 받은 사람도 사랑할 수 있게 되고, 사랑했던 경험으로 상처와 상관없이 사람을 사랑할 줄 아는 사람이 될 수 있다. 또, 그 사람들이 사랑을 돌려줬던 기쁨을 통해, 사랑을 받을 줄 알고, 그 사랑에 감사할 줄 아는 사람이 될 수 있다.

이 사람은 그 경험에 갇힐 수도 있다. 자신과 같은 어려움을 가진 사람에게 한없이 관대하고 따뜻한 사람이지만 다른 사람에게 이기적이고 냉정한 이중성을 갖게 되기도 한다. 상대를 억압할 수 있다. 상대를 돌보는 것을 통해서 에너지를 얻기 때문에 그 에너지로 자신이 치유받고 회복되는 방향으로 흘러가지 않으면 상대가 계속 나에게 돌봄을 받는 사람으로 남아 있기를 바란다. 자녀가 자라는 것을 받아들이지 못해서 자녀가 성장해서 독립하는 방향보다 계속 부모에게 의존하는 방향으로 양육하는 부모가 되기도 하고, 상대에게 계속 나를 의존하는 사람으로 남아 있게 하기 위해서 가스라이팅의 태도를 갖기도 한다.

더 이상 누군가를 도울 수 없는 상황에 되면 자신이 쓸

모없는 사람이 된 것으로 느끼고 정서적으로 무너져 내리기도 한다.

착한 사람 _ "나는 사랑을 해야만 해"

다른 사람을 사랑해야 한다는 기준과 사명감이 충만하다. 이 사람의 사랑은 상대의 아름다움에 근거하지 않고, 자신의 선함에 근거한다. 상대 안에 아름다움을 발견해서 사랑하게 되는 것이 아니다. 사랑해야 한다는 선한 기준을 갖고 있기 때문에 사랑을 실천하는 것이다. 이 사람에게 사랑은 상대 안에 아름다움을 발견하는 것이 아니다. 상대가 어떤 사람인지 상관없이 상대에게 베푸는 실천이다. 사랑의 정의가 다르다.

그러다 보니, 상대는 이 사람에게 사랑받는다고 느끼지 못한다. 사람은 상대에게 비춰진 자신의 모습이 아름다울 때 사랑받는다고 느낀다. 상대에게 내가 비춰지지 않을 때, 내가 어떤 사람인지 상관하지 않고 나를 위해 무엇인가 베풀 때, 상대에게 감사하는 마음과 상대에 대한 존경심을 갖게 되지만 사랑받음의 정서적 만족은 느끼지 못한다.

이런 사랑은 감사하지만 죄송하다. 내가 빨리 상황이

나아져서 이런 도움을 받지 않고, 감사하는 마음으로 다른 사람에게 베푸는 사람이 되어야겠다고 생각한다. 내가 스스로 도움받을 만한 상황이 아니라고 생각한다면, 이런 호의에 기분이 상하기도 한다.

사랑을 제한하다

이 사람은 부족하지 않을 정도의 정서적 에너지를 갖고 있다. 이 에너지를 갖고 이타적인 사랑을 실천하는 것은 위험하다. 이미 이야기한 것처럼 과도한 에너지 소모로 인한 정서적 고갈상태에 빠질 수 있기 때문이다. 주변 사람들이 괜찮다면, 이 사람의 사랑에 감사하고, 이 사람을 존경하고, 이 사람 스스로도 그것과 상관없이 자신의 선함에 자부심을 갖는다. 이것이 에너지가 되어서 부족하지 않은 정서적 에너지를 유지할 수 있다. 하지만 주변에 정서적 결핍의 사람이나 악한 사람이 많으면 문제가 생긴다. 그 사람들이 정서적으로 이 사람을 계속 소비하고, 이 사람의 선함을 이용하기 때문에 정서적 고갈 상태에 빠질 수 있다.

정서적인 문제를 당위적인 방식으로 다루는 것은 위험하다. 현재 자신의 감정과 마음, 에너지 수준을 고려하지 않고 행동하기 때문이다. 또, 안타깝게도 마음이 아닌 머리로 실천하는 선함이기 때문에 다른 사람과 좋은 관계를 맺는 일도 어렵다. 마음과 마음이 이어지는 정서적 선순환이 잘 발생하지 않는다.

이 사람은 성숙한 사람이다. 이 사람은 자기 안에 갇혀 있지 않고 다른 사람을 자기 자신처럼 생각한다. 이타심과 인류애를 마음에 쌓아 가고 있는 것이다. 이 사람의 마음에는 우월감도 없고 보상 심리도 없다. 순수하게 상대에게 도움이 되길 바라는 마음뿐이다. 우는 사람과 함께 우는 사랑을 실천하는 사람이다. 이런 사람을 통해서 돌봄의 선순환이 이뤄진다. 이런 돌봄을 받는 사람은 또 다른 어려운 사람을 돌볼 것이다. 이렇게 이 사람으로부터 시작된 온기가 세상을 더 따뜻하게 한다.

이것만 사랑이라고 생각하면 진정한 사랑의 자리가 사라진다. 동일시는 사랑의 일부이지 전부가 아니다. 우는 자들과 함께 우는 것은 사랑의 일부이지 전부가 아니다. 사랑은 상대 안에 있는 아름다움을 발견하는 것으로부터 시작해서, 원하고 위하는 일이다. 그 과정에서 서로의 영혼의 같음을 발견하고 동일시하는 것이 사랑이다. 내가 상대와 같은 사정이라면 얼마나 어려울까. 내가 도와야겠다라는 지협적인 동일시는 사랑의 일부이지 전부가 아니다. 그러니 어려운 사람을 돕는 것만 사랑이라고 생각하는 것은 사랑의 가능성을 제한하는 것이 될 수 있다.

상대가 나쁜 사람이라고 생각하지만 어려운 상황이라면 돌보겠다고 하는 것은 숭고한 행동이다. 개인적인 감정을 넘어 인류애의 보편성으로 상대를 대하는 것이기 때문이다. 같은 인간이라고 하는 동일시에 근거한 사랑이다. 하지만 이는 장면에서는 위대하지만 흐름에서는 위험하다. 적대적인 관계로 만나서 나에게 피해를 준 사람이 어떤 어려움을 당했을 때 내가 도와주거나, 보복하지 않고 놓아 준다면 이것은 위대한 장면이 된다. 하지만 내가 가까이에 있는 사람, 자녀, 가족, 직원, 동료에 대해서 문제가 많은 사람이라고 생각하면서, 나의 이타심으로 계속 돕는다면 이 돌봄은 상대의 자존감에 심각한 타격을 줄 수 있다. 나를 위하는 사람의 시선에서조차 내가 별로인 사람이라는 것은 너무 큰 권위로 그 사람에게 다가가기 때문이다.

자신의 선함에 근거한 사랑은 어떤 상황에서는 아름다운 사랑이지만 다른 상황에서는 사랑의 기회를 막거나, 누군가에게 상처를 주는 방식이 될 수 있다.

노블리스 _ "사랑은 지극히 자연스러운 일이야"

사랑받고 자랐다. 정서적으로 풍성하다. 충분하고 건강한 사랑을 받아 정서적 에너지가 충분하다. 정서적 결여의 피로감을 느끼지 않는다. 자연스럽게 자신을 사랑하고, 다른 사람을 사랑하며, 사람을 소중히 여길 줄 안다. 자존감의 문제나 존재 불안의 문제를 겪지 않는다.

정서적 여유가 있기 때문에 어려운 일이 있더라도 잘 극복한다. 어려운 일이 찾아오면 정직하게 슬퍼하고 분노한다. 자신의 감정을 정직하게 수용하고 표현한다. 그리고 이 문제를 받아들이고 어떻게 해야 할지 생각한다. 외면하거나, 포기하거나, 자책하거나 원망하면서 이 문제에 묶이지 않는다. 직면하고, 슬퍼하고, 받아들이고, 해결해 나간다.

정서적 여유와 안정감으로 관계하다

사랑의 마음이 있기 때문에 좋은 사람과 가까운 관계를 맺는다. 모든 사람과 좋은 관계를 맺지만 자신과 비슷하게 사랑이 풍성한 사람과 더 좋은 관계를 맺는다. 그것이 이 사람에게 익숙하고, 상식적이고, 편안하기 때문이다. 자신과 비슷한 사람들과 가까워지고 친구와 가족이 된다. 서로 사랑하는 관계를 자연스럽게 맺는다. 의도하지 않아도 그렇지 않은 사람과는 어느 정도 거리가 생긴다. 이기적으로 사랑을 받으려고만 하는 사람, 상대에게 맞춰진 모습으로 관계를 맺는 사람, 방어적이고 경계심이 높은 사람, 관계에 미숙하고 성공에 매진하는 사람, 이런 사람들은 만나면 뭔가 이해되지 않는 부분이 많고, 불편하고, 부자연스럽다고 느끼기 때문에 일정 거리를 둔다. 이 사람들도 이런 사람과 자연스럽게 거리가 생긴다. 이 사람은 자신이 원하는 방식으로 움직여지는 사람이 아니기 때문이다. 그러다 보니, 미숙한 사람과는 거리가 생기고 주로 건강한 사람들과 관계를 맺는다.

따뜻한 마음으로 넓게 관계를 맺는다. 사람에 대한 호의를 갖고 친절하기 때문에 많은 사람과 좋은 관계를 맺는다. 건강한 태도로 균형 잡힌 삶을 산다. 인정 욕구로 일하는 것이 아니기 때문에 일에 있어서 성공보다는 의미에 더 의미를 둔다. 사회적 평가에 크게 매이지 않고 자신이 의미 있다고 생각하는 방식으로 일하기 때문에 보람과 만족을 더 잘 느낀다. 이 사람은 건강하고 행복하게 사는 것이 크게 어렵지 않다. 환경적인 요소와 크게 상관없이 따뜻하고 행복한 삶을 산다.

노블리스는 정서적으로 풍성하다. 정서적인 영역에서 상위 엘리트 그룹에 속한다. 자연스럽게 자신과 비슷한 사람을 알아보고 그 사람들과 더불어서 관계한다. 정서적 에너지를 지키기 위해서 일부러 사람을 나누는 것이 아니다. 이 사람이 보기에는 앞서 말한 1-8번까지의 사람이 모두 뭔가 부자연스럽고 불편하다. 가면무도회, 네임카드, 상처 입은 치유자, 착한 사람 모두 어색하다. 뭔가 자연스럽지 않다고 느낀다. 고슴도치와 착즙기는 불편하다. 이건 아니지 않나라는 생각이 든다. 그러다 보니 자연스럽게 이런 사람과는 관계가 잘 형성되지 않는다. 자신과 비슷한 정서적으로 풍성한 사람과 편안하게 관계를 맺게 된다. 자연스럽게 끼리끼리가 구현된다. 좋은 사람 옆에 좋은 사람이 있게 된다. 당연히 정서적인 풍성함이 자연스럽게 유지되고 이 부분에 대해서 크게 고민해 본 일이 없다.

이 사람은 더 풍성한 사랑 안에 살아갈 수 있다. 사랑받고, 사랑하는 일이 익숙하다. 이 사랑을 바탕으로 자신을 더 깊이 사랑하고, 더 많은 사람을 사랑할 수 있다. 세상을 더 따뜻하게 만드는 사람이 된다.

이 사람은 배타적 관계를 맺을 수 있다. 정서적 숙제가 있는 사람을 이해하기 어렵다. 그 사람들을 헤아릴 수 없다.

이런 사람과 관계를 맺다가 상처받는 일이 생기기도 한다. 그러면 이런 사람들에 대한 경계심이 생긴다. 사람들은 이해할 수 없는 사람에 대한 경계심과 편견을 갖기 쉬운데, 안좋은 경험까지 있으면 편견이 생기기 쉽다. 그러다보면 정서적으로 건강한 사람들만 선별해서 그 사람들끼리 배타적 관계를 맺을 수 있다. 정서적 엘리트주의자가 되는 것이다.

갬블러 _ "항상 최선을 다하지만, 늘 부족해"

사랑에 갈증이 나서 모든 것을 동시적으로 시도했다. 부모로부터 받지 못한 사랑을 이제라도 받고 싶었다. 사랑이 아니라면 사과라도 받아야 했다. 이것이 사랑받지 못한 어린 시절에 대한 보상이었다. 부모를, 부모와의 관계를 바꿔야만 한다.

수용적인 사랑을 꿈꾼다. 정서적 결여를 채워 줄 수 있는 사람에게 사랑받기를 꿈꾼다. 그러기 위해서 상대는 존경할만한 좋은 사람이어야 하고, 상처와 약점까지 깊이 이해하고 나를 헤아리고 품어 주는 사람이어야 한다. 그러면서 관계의 주도권을 가져가지 않고 나를 선망하고 지지해 주는 사람이어야 한다.

사회적으로 인정받기를 꿈꾼다. 성공하고 싶어 한다. 사회에서 나만의 이름을 갖는 특별한 사람이 되고 싶어 한다. 돈, 권력, 명예를 원한다. 그래서 사람들의 선망이길 바란다.

사회적으로 존경받기를 꿈꾼다. 사람들에게 롤모델이 될 만한 사람이 되고 싶어 한다. 세상에 선한 영향력을 주는 사람이 되어서 존경받길 원한다. 단순한 성공이 아니라 가치 있는 성공을 통해 인정과 존경을 모두 갖고 싶어 한다.

이 사람은 모든 종류의 정서적인 에너지를 얻고 싶어 한다. 강한 정서적 갈증과 이 갈증을 압도적으로 채우고 싶어 하는 욕심을 갖고 있다. 그래서 동시에 모든 것을 시도한다. 이를 위해 최선을 다한다. 그래도 항상 부족하다는 생각이 든다.

모든 것이 완벽해야 한다

갬블러는 정서적으로 결핍된 사람이고 욕심이 많은 사람이다. 이 결핍의 문제를 능동적이고 적극적인 태도로 대하는데, 단지 해결되는 정도가 아니라 압도적인 결과를 원한다. 그러다 보니 과도한 계획을 세우게 되는데, 이것이 매우 도박적이다. 그래서 이 사람은 갬블러다. 잭팟이 터질 수도 있지만, 완전한 고갈 상태에 떨어질 수도 있다. 하루아침에 많은 것이 해결될 수도 있지만, 하루아침에 깊은 우울과 불안의 늪에 빠질 수도 있다.

이 사람은 큰 성취를 얻을 수 있다. 욕심이 많은 사람이, 갈증이 있는 사람이 큰 성공을 이룰 수 있기 때문이다. 그 성취를 통한 정서적 에너지로 안정감을 찾고, 자신을 돌아보며, 그때부터 풍성한 삶을 살 수 있다.

그러나 멈추지 못할 수 있다. 어느 정도 성취가 있더라도 그 정도에 만족하지 못한다. 계속 더 바라면서 끝없이 앞으로만 달려가는 사람이 될 수 있다.

일반적으로 정서적 불안정, 예민함, 짜증, 불면, 신경증적인 태도를 갖게 된다. 모든 것을 갖고 싶어 하고 욕심이 많기 때문이다. 이 욕심이 채워지기 위해서는 엄청난 노력과 계속되는 행운이 필요하다. 이런 노력을 기울이며, 그런 행운을 기다리는 사람은 예민해질 수밖에 없으며 정서적으로 불안정하다.

악순환을 만들기도 한다. 욕심이 많기 때문에 이기적이 될 수 있다. 정서적 결여가 많아서 큰 욕심을 갖는 것인데, 이기적으로 행동하기 때문에 주변에 좋은 관계가 있을 수 없고, 그러다 보니 정서적 결여는 더 커지고, 결여만큼 욕심이 더 커가고, 그렇기 때문에 더 이기적이 되는 악순환이 만들어지기도 한다.

욕심이 큰 만큼 예민하다. 예민함은 많은 정서적 에너지를 소비하는 감정이다. 욕심이 많기 때문에 예민하고 까다로운 완벽주의자가 된다. 이것은 정서적 에너지를 많이 소비하는 삶의 자세다. 정서적 결여는 더 크게 느껴지고 이 갈증은 더 큰 욕심이 되고, 더 큰 욕심은 이 사람을 점점 더 완벽주의자로 몰아간다. 악순환의 고리가 만들어진다.

스테인드글라스 _ "삶은 여러 조각들로 이뤄져"

부모님은 나를 사랑하셨지만, 그 사랑이 나에게 온전히 전해지지 못했다. 메마른 사람은 아니었지만 늘 조금씩 부족함을 느꼈다. 그 부족함을 성공으로 채우려고 했다. 인정을 받으면 어느 정도 채워지지만 그것은 내가 잘 하고 있을 때만 공급되는 것이기 때문에 불안했다. 성공이 주는 정서적 에너지는 항상 불안을 동반했다. 언제든 사라질 수 있기 때문이다. 일정한 성공을 계속 유지하는 일은 너무나도 어려웠다. 여기에 너무 많은 에너지가 들어갔다. 일과 삶의 균형을 잡으려면 평범함으로 내려와야 했다.

연애에 큰 기대를 가졌다. 연애로부터 채워지는 것이 있었다. 하지만 연애는 사랑받기 바라는 두 사람의 갈등일 때가 많았다. 서로 자기 마음을 잘 추스르고 좋은 모습을 상대에게 보여 줄 때 서로 에너지를 얻을 수 있지만 그렇지 않으면 갈등과 상처로 일이 복잡해졌다. 연애의 사랑은 성공의 사랑만큼이나 불안정했다.

정서적 풍성함에 이르기까지

이런 사람들은 원하는 모습을 연기하면서 모든 사람들이 좋아하는 사람이 되어 보기도 하고, 취미와 명상의 시간을 늘리며 혼자 잘 지내는 법을 배우기도 했다. 이렇게 여러 가지를 시도하면서 정서적으로 안정되는 것을 경험하기도 한다. 사랑의 정서적 풍성함은 하나의 비법이 있기보다 여러 가지가 합쳐져서 만들어지는 모자이크라는 생각을 한다. 분산투자처럼 그 각각에서 오는 정서적 에너지가 자신을 채운다고 생각한다. 삶은 중요한 무엇이 있는 것이기 보다 각각의 중요한 것들의 총체라고 본다. 소중한 것이 찾아왔다가 또 떠나가고, 다른 소중한 것이 그 자리를 채우는 흐름이고 조합이라고 생각한다.

그러니 각각에 대해서는 좋은 거리를 두고 사랑할 수

있게 되었다. 욕심을 부리지 않고 있는 만큼 받아들이니 오히려 온전히 사랑할 수 있었다. 떠나보낼 줄 알게 되었다. 그것이 없으면 안 된다고 하기 보다는 때가 되면 떠나게 된다는 것을 알고 감사하며 놓아 주는 마음을 갖게 되었다. 그리고 새로운 것을 맞이하는 마음을 갖게 되었다. 새로운 시기에 찾아오는 다른 소중한 것이 있었고 그것을 맞이하는 마음이 생겼다.

　가족에게 너무 많은 것을 기대하고 갈등하기보다 그만큼 소중히 여길 수 있게 되었다. 오래 알았던 사람과 멀어지는 것을 받아들일 줄 알게 되었고, 새로운 관계가 찾아오는 것을 환영할 줄 알게 되었다. 성공의 자리에서 한 계단 내려와야 하는 시기에 이것을 받아들이며 감사하며 내려올 수 있었고, 또 그로 인해 주어지는 나만의 시간과 여유를 기대하며 환영할 수 있었다. 그러다 보니 전체적으로는 삶을 사랑하게 되었다. 삶으로부터 사랑받는다고 느끼고, 내가 삶을 사랑하는 마음을 갖게 된다.

　스테인드글라스는 정서적인 결핍에서 시작하지만 정서적인 풍성함에 도달한다. 정서적인 에너지원이 다양하기 때문에 공급이 안정적이다. 에너지의 상승과 하락에 따라 거기에 맞춰 생활도 조정되기 때문에 에너지 소비도 안정적이다. 특정한 대상을 사랑하기보다 삶을 사랑하고, 거기에서 상호성을 확보하기 때문에 삶을 살아가는 지속적인 에너지를 확보할 수 있다. 일반적인 사랑의 영역에서는 가장 완성형에 가깝다.

정서적 차원에서의 나를 이해하기

사람은 받은 정서적 에너지가 얼마나 되는지, 그것을 어떻게 다루는지에 따라서 11가지 유형으로 나눠진다.

방어하고 기다리는 고슴도치, 특정 상대에게 얻어 내려는 착즙기, 다른 사람에게 맞추는 가면무도회, 사회적 인정을 추구하는 네임카드, 받는 자산을 쓰면서 사는 상속자, 자급자족 구조를 만든 자연인, 다른 사람을 치유하며 스스로 회복되는 상처 입은 치유자, 당위로 사랑을 실천하는 좋은 사람, 좋은 사람끼리 어울리는 노블리스, 승부수를 던지는 겜블러, 삶을 사랑하는 스테인드글라스. 이렇게 11가지 모습이 있다.

내가 어떤 모습인지 알고 좋은 방향으로 움직이려고 해야 한다. 착즙기형이라면 이것이 갖고 있는 사랑마저 망칠 수 있다는 것을 기억해야 한다. 상대로부터 얻을 수 있는 사랑과 얻을 수 없는 사랑을 파악하고, 그만큼의 사랑도 소중하다는 것을 기억하면서 잘 가꿔 가야 한다. 그럴 때 오히려 상대로부터 받을 수 있는 사랑의 양이 늘어난다는 것을 기억해야 한다. 마지막 한 방울까지 짜는 시도보다 수확량이 늘어날 수 있도록 가꾸는 태도로 변화되어야 한다.

가면무도회형이라면 내가 얻는 정서적 에너지를 파악해야 한다. 모든 사람에게 과도하게 맞추면 에너지가 충전되기보다 소모될 것이다. 내가 맞추면서도 에너지를 얻는 선을 파악해야 한다. 그 선을 넘는 사람과 과도하게 잘 지내려고 하기 보다는 그 선 안에 있는 사람에게 맞추면서 좋은 관계를 가져가려고 해야 한다.

내가 좋은 사람이라면 나에게 과도하게 의존하거나 나의 선의를 이용하려는 사람들을 파악하고 그 사람을 거절하는 법을 배워야 한다. 또, 당위에 의한 관계에 머무르지 말고, 마음으로 하는 관계를 연습해야 한다. 내가 사랑해야 한다고 결정하고 행동하더라도, 내 마음에 상대를 어떻게 느끼고 있는지 파악하고 그것을 관계에 점진적으로 반영해야 한다. 내가 아끼는 마음을 갖고 사랑을 실천하는 상대와 내가 싫지만 사랑을 실천하는 사람을 구별하고 상대를 대하는 태도에 차이를 만들어야 한다.

사람은 모두 갖고 있는 관계적 태도가 있다. 정서적 에너지량에 따라서 이것을 어떻게 다뤄 나갈지 결정한 나만의 방식이 있다. 이를 스스로 파악해야 한다. 그리고 그 방식의 단점이 보완되고 장점이 극대화될 수 있도록 방식을 개선해 가야 한다.

정서적 차원에서 상대를 이해하기

상대가 어떤 유형의 사람인지 파악하고 거기에 맞게 상대를 대할 수 있어야 한다. 상대가 고슴도치형이라면 다가설 때 주의해야 한다. 상대의 가시가 나를 찌를 수 있기 때문이다. 상대가 나에게 원하는 정서적 기대를 이해해야 한다. 상대는 높은 기대를 갖고 있기 때문에 그것을 채워 줄 것 같은 잘못된 메시지를 던지면 나에게 과도한 기대를 갖다가 실망할 수 있다.

상대가 착즙기라면 관계에서 주도권을 놓쳐서는 안 된다. 상대는 자신이 원하는 만큼 얻어 내려고 하기 때문에 주도권을 상대가 쥘 때 관계 자체가 무너지기 쉽다. 그러니 주도권을 지키면서 내가 공급할 수 있는 선의 결정을 가져가야 한다. 그리고 그렇게 베푼다고 해도 결국 좋은 소리를 듣지 못할 것이라는 것을 미리 인지하고 있어야 한다.

상대가 가장무도회형이라면 이것이 진정성 있는 관계가 아니라는 것을 이해하고 거리를 유지하되, 상대가 나에게 맞춰 주는 것에 대해서 감사하는 마음을 가져야 한다. 이것은 진심 어린 관계는 아니지만, 나에게 나쁠 것이 없는 관계다. 진정성을 기대하면 실망할 관계고, 상대의 배려를 기억한다면 감사한 관계다.

상처 입은 치유자형을 볼 때, 아름다운 일이 벌어지고 있지만 그 사람이 성자이기 때문은 아니라는 걸 기억해야 한다. 상처 입은 치유자가 만드는 장면을 보면 그 사람이 성자처럼 보여질 수 있다. 그 사람의 다른 모습을 발견할 때 실망하고, 이 아름다운 장면의 진정성까지 의심하게 된다. 그만큼의 의미를 보고 상대를 바라봐야 한다. 그래야 오해 없이 상대를 소중히 여길 수 있다.

착한 사람에게 감사해야 한다. 하지만 진정성 있는 관계를 기대하지는 않아야 한다. 그 사람이 나에게 잘하는 이유는 스스로의 선함 때문이지, 개인적인 호의가 있어서가 아니다. 내가 그것을 개인적인 호의로 이해하고 다가서면 상대에게 부담스러운 일이 될 수 있다. 그러니 상대가 착한 마음으로 내게 베푼 것이 있다면 감사한 마음을 갖고, 그것을 갚아 줄 기회가 생기면 망설이지 말아야 하되, 상대와 정서적으로 가까운 사이라고 오해하지 않아야 한다.

상대가 노블리스라면 건강한 태도를 유지해야 한다. 일방적으로 의존하려고 하거나, 사회적 자아로 상대를 대하면 그 사람과 진정성 있는 관계를 유지하기 어렵다. 그러니 내가 갖고 있는 건강한 마음으로, 그만큼의 관계를 맺어 가는 것이 좋다. 내가 정서적으로 부족한 사람이라면 이것이 진정성 없는 관계처럼 느껴질 수도 있다. 하지만 그렇지 않다. 장기적으로 나에게 가장 좋은 관계는 이렇게 건강하게 서로를 대하는 관계다. 그러니 그만큼의 진심으로 이 관계를 대하고, 기대감을 갖고 소중히 여기는 것이 필요하다.

네임카드와는 사회적인 관계가 개인적인 관계라는 것을 기억해야 한다. 일이나 취미, 세상 돌아가는 것에 대한 정보와 견해를 나눌 수 있다. 일이나 취미생활을 함께하면서 즐길 수 있다. 서로의 사회적 위치를 존중하고, 정보를 나누고, 도움을 주고받고, 무엇인가 함께할 수 있다. 하지만 사람으로서 서로 아끼거나 마음과 감정을 나누거나 생각의 연대감을 갖기는 어렵다. 이 사람은 자신을 그런 방식으로 바라보고 있지 않기 때문에 이런 개인적인 관계는 형성할 수 없다. 이 사람과의 관계에서는 사회적 관계가 개인적 관계라는 것을 기억해야 한다. 물론, 마음 깊이에서 사랑과 호의가 있다. 이런 사회적 표현에서 개인적인 관계가 쌓여간다. 하지만 그것이 직접적으로 표현하지 않는다. 마음을 나누고, 그것을 기반으로 서로의 관계를 가꾸지 않는다. 그러니 네임카드와 자꾸 그런 식의 관계를 맺으려고 하는 것은 오히려 관계를 어렵게 만들 수 있다.

상대가 어떤 사람인가에 따라 태도가 바뀌어야 한다. 그러니 누군가와 마음을 나누는 관계가 되려고 한다면 그가 정서적으로 어떤 태도를 갖고 있는지 파악하고 거기에 맞게 상대를 대해야 한다. 그때, 오해와 상처의 확률을 줄이고 좀 더 좋은 관계를 맺어갈 수 있다.

현재의 태도를 넘어 도약지점을 찾다

사랑은 내면의 에너지다. 대부분의 사람은 이 에너지가 충분하지 않다. 이 정서적 에너지가 충분하지 않은 상태에서 어떻게 에너지를 유지하고, 개발하고, 소비할 것인가에 대한 결정을 하게 되는데, 이것이 11가지 정서적 태도로 나타난다.

그러니 이 11가지 정서적 태도는 그 사람의 인격도 아니고 정체성도 아니다. 지금의 정서적 상황에 반응하는 것이다. 상처 입은 치유자였던 사람이 사회적으로 고립되고 어려운 상황에 던져졌을 때 자신을 정서적으로 도와줄 사람이 한 사람 밖에 없다면 착즙기가 되기도 한다. 자연인이었던 사람이 개인적 고충과 미숙한 관계로 인해 고립되게 된다면 고슴도치가 되기도 한다. 고슴도치였던 사람이 좋은 계기를 만나면 스테인드글라스가 되기도 하고, 착즙기였던 사람이 상황이 좋아지면 노블리스가 되기도 한다. 이것은 현재 정서적 상태의 반응이지, 정체성이나 인격이 아니다.

그러니 가장 좋은 것은 현재의 태도에서 완성도를 높이는 것이 아니라 현재의 태도를 뛰어 넘는 도약지점을 찾는 일이다. 만약 정서적 에너지가 부족하지 않다면, 압도적인 정서적 에너지가 있다면, 넘치는 사랑 안에 있다면 정서적 태도는 완전히 변할 수 있다. 가능하다면 이 도약지점을 찾고, 정서적으로 풍성한 사람이 맺는 관계법을 새롭게 배워야 한다. 풍성한 사랑 안에 있는 사람의 관계법은 따로 있다. 그것이 12번째 관계의 마에스트로다.

PART 1

사랑, 하고 싶고
받고 싶다

1
사랑은 아름다움을
발견하는 일이다

바른 정의에서부터 바른 이해가 있다. 바른 정의를 갖지 못한 사람은 바른 이해를 시작할 수 없다. 많은 사람이 사랑에 대한 정의를 갖고 있지 않다. 개인적인 경험의 직관을 사랑의 정의로 사용한다. 사랑에 대한 개인적이고 지엽적인 생각을 기반으로 사랑을 이해하려고 할 때 사랑의 전체 그림은 이해될 수 없다. 그 상태에서 다른 사람과 이야기하더라도 단어의 정의를 다르게 했기에 개와 고양이의 대화가 될 수밖에 없다. 이 상태에서의 사랑에 대한 이야기는 지엽적인 논쟁이나 개인적인 감상에 멈춘다.

바른 정의에서부터 시작해야 한다. 바른 정의에서부터 전체적인 그림을 이해할 수 있고, 전체적인 그림을 갖고 있는 사람이 개인사를 넘어서는 도약지점을 가질 수 있다. 사랑이란 무엇인가? 여기에 대해 대답해야 한다.

사랑은 아름다움을 발견하는 일

사랑은 상대 안에 담긴 아름다움을 발견하는 것이다. 사랑은 아름다움에 대한 것이다. 상대 안에 있는 아름다움을 발견하는 것이 사랑의 본질이다. 이는 성경의 대답이다. 아가서는 사랑이 상대 안에 있는 아름다움을 발견하고, 상대를 기뻐하고, 원하고, 위하는 것이라고 우리에게 알려 준다.

우리가 흔히 사랑이라고 하는 것은 이 아름다움에 반응하는 태도다. 아름다움을 발견한 사람은 3가지로 반응한다. 기뻐하고, 원하고, 위한다.

사랑에 빠지면 상대의 존재 자체로 기쁨을 느낀다. 상

대가 아름답기 때문이다. 아름다움은 그 자체로 우리에게 기쁨을 준다. 사랑에 빠지면 상대를 원한다. 우리는 아름다움 앞에 머무르기를 바라고 싶어 한다. 사랑에 빠지면 상대를 위한다. 우리는 아름다운 것을 소중히 여기며 그것을 지키기 위해서 자발적으로 헌신한다. 사랑은 상대 안에 아름다움을 발견하는 일이다. 그래서 상대를 기뻐하고, 원하고, 위하게 된다.

사랑은 기뻐한다. 아름다움 앞에서 우리는 기쁨을 느낀다. 이 기쁨은 내면의 만족감과 연결되어 있다. 이 기쁨은 우리 내면의 빈 공간이 채워지는 만족감을 경험하게 한다. 이 만족감은 안정감과 연결된다. 공허는 불안과 혼돈을 가져오는데, 공허함이 채워지는 만족감은 안정과 평온을 가져온다.

우리가 아름다운 자연을 바라보면서 기쁨을 느끼고 내면이 채워지고 안정감을 찾는 것이 이와 같은 경험이다. 부모가 사랑하는 아이를 바라보면서 내적 만족감을 느끼고 안정감과 평온함을 얻는 것도 같은 이유다. 아름다움이 주는 기쁨이 우리의 내면을 채우는 것이다.

이것은 육체적 감각을 충족하면서 느끼는 즐거움과는 다르다. 우리는 즐거움과 공허함을 동시에 느낄 수 있다. 신나는 파티에 가서 내 욕망을 채우는 즐거움을 분명히 느끼고 있는데 동시에 공허함을 느끼기도 한다. 욕망을 채우는 즐거움과 아름다움을 통해 얻는 기쁨이 다르기 때문이다.

이 기쁨을 경험한 사람은 내적 풍경이 달라지면서 자신과 삶을 대하는 감각이 달라지는 것을 경험한다. 그래서 다시 태어난 것 같다고 표현하기도 하고, 세상이 달라 보인다고 이야기하기도 한다. 사랑이 주는 기쁨으로 내면이 채워지면서 삶을 대하는 감각이 달라지는 것이다.

사랑은 원한다. 아름다움을 볼 때, 우리는 그것을 원한다. 그것을 소유하기로 원하는 것이 아니라 그 아름다움과 함께 머물기를 원한다. 아름다움에서 분리되고 싶지 않다. 거기에 머물고 싶다. 사랑하는 사람이 있으면 그 사람과 함께하고 싶고, 아름다운 풍경을 만나면 거기에 살고 싶다. 소유로서의 원함이 아니라 함께 머묾으로서의 원함을 갖게 된다. 그 아름다움에 머물며 그것이 주는 기쁨을 계속 누리길 바라게 된다.

사랑은 위한다. 우리는 아름다운 것을 소중히 여긴다. 그것을 지키기 위해서 하는 노력을 아끼지 않는다. 아름다움을 위하는 마음을 갖는다. 자연의 아름다움을 아는 사람은 그 아름다움을 지키기 위해서 노력한다. 동물의 아름다움을 아는 사람은 동물을 돌보는 마음을 갖는다. 사람의 아름다움을 본 사람은 그를 위해 헌신하는 일을 두려워하지 않는다. 아름다움을 발견한 사람을 위하는 마음을 갖는다.

사랑에 빠지면 상대로 인해 기쁨을 느끼고, 상대를 원하고, 상대를 위한다. 이것은 그 사람의 아름다움에 반응하는 것이다. 그래서 사랑에 대한 태도를 사랑으로 말할 때 수동태로 이야기한다. 기뻐하기로 결정하고, 원하기로, 위하기로 결정하는 것이 아니다. 나도 모르게 기쁘고, 원하게 되고, 위하게 되는 것이다. 그래서 사랑은 노력이기 전에 반응이다. 아름다움을 발견하고 그 아름다움에 반응하는 것이 사랑이다.

사랑의 인간관

사랑은 상대 안에 있는 아름다움을 발견하는 일이다. 그러니 사람이 어떤 존재인지, 사람에게 어떤 아름다움이 있는가에 대한 이해가 있어야 사랑이 어떻게 발생하는지 이해할 수 있다.

어떤 사람은 인간을 환경의 산물로 해석한다. 그가 지나온 환경이 그 사람을 만든다고 생각한다. 그 사람이 누군가를 사랑하는 것은 성장 과정에서 형성된 교육 결여, 애착, 습관이다. 그 사람이 갖고 있는 생각, 습관, 정서적 패턴, 좋아하는 사람은 그 사람의 성장 과정을 들여다보면 그 이유를 알 수 있다. 사람은 성장 과정의 산물이라고 생각한다.

어떤 사람은 인간을 DNA의 그릇이라고 해석한다. DNA의 지시에 따라 행동하는 존재라고 생각한다. 이성 간의 사랑은 DNA에 따라 종의 번식에 대한 욕망을 갖는 것이고, 부모의 사랑은 DNA의 보존을 위해 헌신하는 일이고, 타인과 공동체를 위한 이타적인 사랑은 꿀벌이 DNA의 명령에 따라 집단을 위해 헌신하는 것처럼 DNA의 명령에 따라 집단을 위해 헌신하는 것이라고 생각한다. 사람은 DNA의 명령에 따르는 존재라고 생각한다.

어떤 사람은 이 두 가지가 인간을 만든다고 생각한다. 타고난 DNA와 성장 과정의 영향이 그 사람을 만든다고 생각한다.

이렇게 생각할 때, 인간이 내재된 아름다움을 가진 존재라고 생각하지 않고, 사랑이 상대 안에 있는 아름다움을 발견하는 것이라고 해석하지 않는다. 사랑이라고 하는 것은 과거로부터 형성된 습관이거나 DNA의 명령이라고 이해한다.

사랑의 인간관은 인간을 인격적인 존재라고 생각한다. 인격이 환경의 결과이거나 DNA의 현상이 아니라 태어날 때부터 인간 안에 내재되어 있는 인간의 정체성이라고 생각한다. 모든 인간은 아름다운 인격을 내재하고 있다. 이것을 영혼이라고 한다. 인간은 영혼을 가진 존재이고, 그 영혼이 그 사람의 정체성이며, 영혼은 아름다운 모습을 하고 있다고 생각한다.

내재된 인격은 사랑을 통해서 자란다. 충분한 사랑을 받은 사람은 그 아름다운 모습을 현재 자신의 인격으로 갖게 된다. 하지만 충분히 사랑받지 못한 사람은 영혼의 조각만 인격으로 나타나고 나머지 부분은 환경이나 육체에 영향받은 받은 모습이 채운다. 그래서 보통의 사람들은 영혼의 조각과 환경과 육체의 조합으로 지금의 인격적인 모습을 갖고 있다.

사람은 내면에 아름다운 영혼을 갖고 있는데, 그 위에 환경과 육체의 먼지가 많이 쌓여서 그 아름다운 모습이 가려진 상태다. 이것이 사랑의 인간관이다.

사랑의 인간관에서 누군가를 사랑하는 일은 지금 보여지는 영혼의 조각을 통해서 그 사람 안에 내재된 아름다운 영혼의 모습을 발견하는 일이다. 인간은 주체적인 인격을 갖고 있는 존재다. 지금의 인격은 환경이나 육체와 조합된 모습이어서 아름답지 않을 수 있지만, 인격에 아름다운 영혼의 조각이 반영되어 있다. 그 조각을 통해서 상대 안에 내재된 영혼의 아름다움을 발견하고, 그 아름다움을 기뻐하는 것이 사랑이다.

인간에 바른 이해가 있을 때 사랑의 참 의미를 이해할 수 있다. 인간은 아름다운 존재다. 인간이 아름다운 이유는 그 안에 아름다운 인격, 영혼이 있기 때문이다. 이 아름다움을 발견해 상대를 사랑하는 것이 진정한 의미에서의 사랑이다

진정한 사랑은 상호성을 가진다

사랑은 내면에 대한 이름이기도 하고, 관계에 대한 이름이기도 하다. 내면에 대해서 이야기할 때 사랑은 아름다움을 발견하게 되고 기뻐하고 원하고 위하는 것이 된다. 관계 가운데 사랑은 이것이 상호적으로 일어난다. 곧, 내가 상대 안에서 아름다움을 발견하고 상대도 내 안에서 아름다움을 발견하는 것이다. 그래서 상대와 내가 서로를 기뻐하고, 서로를 원하고 위하게 된다. 이것을 관계에서의 사랑이

라고 한다. 사랑이 상호성을 가질 때, 이것은 새로운 차원으로 도약한다.

아름다움이 상호성을 가질 때, 서로의 아름다움이 더 빛난다. 내가 아름답다고 생각하는 대상이 나를 아름답다고 할 때, 그로 인해서 내가 나를 더 아름답게 느낀다. 내가 그를 아름답게 볼 때 그는 아름다움에 대한 권위자가 된다. 아름답지 않은 사람이 나를 아름답다고 말하는 것은 큰 의미가 없다. 하지만 아름다운 사람이 나를 아름답다고 할 때, 그것은 의미가 있다. 권위자가 나를 아름답다고 말할 때 나는 상대의 시선을 통해서 나를 보고, 아름다움을 발견하게 된다. 내가 나 자신을 아름답다고 느낀다. 이 일이 상호적으로 일어난다. 상대에게는 내가 아름다움의 권위자다. 내가 상대를 아름답게 바라보는 것을 통해서 상대도 자신을 아름답게 바라본다. 자신의 아름다움을 아는 사람의 아름다움은 더 빛난다. 서로의 아름다움이 더 빛나기 때문에, 서로가 서로를 더 아름답게 바라보고, 그것은 다시 서로를 더 아름답게 만든다. 곧, 서로가 서로를 빛나게 하는 것이다.

기쁨이 상호성을 가질 때 기쁨은 배가 된다. 아름다운 사람과 함께 있는 것은 기쁨이다. 아름다운 사람이 나를 아름답게 보는 것은 기쁨이다. 사랑하는 사람과 함께하는 것은 기쁨이다. 사랑하는 사람이 나와 함께하는 것을 기뻐하는 것 역시 기쁨이다. 사랑하는 사람이 서로가 서로를 기뻐할 때, 그 기쁨은 다양한 하모니를 만들면서 배가 된다.

위함이 상호성을 가질 때 일체감을 갖게 된다. 내가 상대와 나를 동일시한다. 그의 기쁨이 곧 나의 기쁨이고 그의 슬픔이 나의 슬픔이다. 그래서 그를 위해서 하는 모든 것이 자연스럽다. 나를 위해서 하는 것과 같기 때문이다. 그런데 상대도 이와 같은 마음이다. 나와 자신을 동일시하며 나를 위한다. 이때, 둘 사이에 너와 나로 나뉘어 있던 벽이 사라진다. 두 사람은 서로를 둘이 아니라 하나라고 느끼는 '우리'라는 일체감을 갖게 된다.

원함이 상호성을 가질 때, 상대로 인해서 자신이 완성되는 경험을 한다. 사람은 혼자 있을 때 완성되지 않고 함께 있을 때 완성된다. 사람은 무인도에서 혼자 살아갈 때 가장 자신다운 모습이 아니라, 사람들과 사랑할 때 가장 자신다운 모습을 보인다. 사람은 독립적이고 주체적인 개인이 아니라 서로를 통해서 완성되는 존재라는 의미다. 그러면 언제 이런 완성을 경험할 수 있을까? 사랑하는 사람이, 서로가 서로를 원해서 항상 서로 함께라고 느낄 때 이 완성을 경험한다. 원함이 상호성을 가질 때, 자신이 완성되는 것 같은 안정감을 경험한다.

상호적인 사랑은 무한대의 정서적 에너지를 만들어 낸다. 내가 상대를 사랑함으로 상대에게 정서적 에너지를 공급한다. 상대도 나를 사랑하기 때문에 나에게 에너지를 공급한다. 그러면 사랑의 에너지가 소모되지 않고 계속 순환하면서 증폭된다. 내가 상대를 사랑하고, 상대가 나를 사랑하기에 그 사랑을 돌려주고, 나도 다시 상대에게 그 사랑을 주는 과정이 계속 반복되면 눈밭에 눈덩이를 굴리는 것처럼 계속 사랑이 늘어난다. 사랑을 베풀어서 에너지가 소모되는 것이 아니라 오히려 더 큰 에너지로 나에게 돌아오는 것이다. 그래서 사랑 안에 있는 사람은 서로를 통해 무한대의 에너지를 공급받는다.

일방적인 사랑도 사랑이다. 하지만 사랑은 상호성을 가질 때 그 진면목을 나타낸다. 서로가 서로를 더 아름답게 한다. 더 기쁘게 한다. 무한대의 에너지를 준다. 서로가 하나라고 느끼고, 서로를 통해서 자신이 완성되는 것을 경험한다. 사랑은 상호성 안에 있을 때 그 진면목이 나타난다.

사랑이 만드는 9가지 내적 변화

사랑의 가장 큰 힘 중 하나는 변화를 일으킨다는 것이다. 사랑을 통해 바라보는 삶은 사랑 없이 보는 삶과 다르다. 나 자신과 다른 사람, 세상을 좋아하게 되고 행복을 느끼게 만든다. 이처럼 놀라운 사랑이 만드는 9가지 내적 변화는 다음과 같다.

첫째, 자아가 회복된다. 모든 인간은 아름다운 인격을 내재하고 있다. 이 인격은 사랑을 통해서 자란다. 부모에게 충분한 사랑을 받은 아이가 자신의 본모습으로 자라나고, 그렇지 못한 아이의 내면에 경험의 먼지가 가득 쌓여 본모습대로 자라지 못하는 것처럼, 인격은 사랑을 통해서 자란다. 그래서 우리가 충분한 사랑을 받으면 자아의 회복을 경험하게 된다. 내 안에 내재되어 있던 아름다운 나의 모습이 깨어난다. 내가 누구인지 명확히 알고, 그 모습이 아름답다는 것을 깨닫게 되며 자부심을 느끼는 자아의 회복으로 이어진다.

둘째, 자존감이 회복된다. 자아가 회복된 사람은 자신에 대해 명확히 안다. 그리고 어떠한 모습이건 자신을 사랑스럽게 본다. 자연스럽게 선명한 자존감을 갖게 된다. 자아가 회복되지 않은 사람은 자신이 어떤 사람인지 잘 알지 못한다. 자신의 존재가 흐릿하기 때문에 선명한 자존감을 갖지 못한다. 그러다 보면 주변 사람이라는 거울에 비춰지는 자신의 모습을 통해서 자존감을 얻게 된다. 주변에서 좋은 평가를 받으면 높은 자존감을 갖고, 좋지 못한 평가를 받으면 낮은 자존감을 가질 수밖에 없다. 하지만 이것은 스스로 자기 존재를 인식함으로 인해 만들어진 자존감이 아니기 때문에 여전히 흐릿하다. 주변의 평가에 따라 언제든지 바뀔 수 있다. 그런데 자신을 사랑하는 사람은 이러한 현상에서 벗어난다. 본래 내가 어떤 사람인지 명확히 알고 있기 때문에 주변의 시선이나 평가에 흔들리지 않는 선명한 자존감을 갖게 된다.

셋째, 안정감을 얻는다. 자신의 존재를 흐릿하게 인식하는 사람은 존재에 대한 불안을 느낀다. 내가 존재하는데, 존재하지 않는 것 같은 모순의 감정을 느끼는 것이다. 선명한 자존감을 가진 사람은 이런 불안에서부터 자유롭다. 내가 어떤 사람이라는 것이 명확하기 때문에 선명한 존재 인식을 갖게 되고, 이는 곧 자신에 대한 안정감으로 이어진다.

넷째, 충분한 정서적 에너지를 갖는다. 이미 설명한 것처럼, 사랑의 관계는 정서의 순환과 증폭으로 무한대의 정서적 에너지를 공급한다. 자아회복, 자존감, 안정감은 에너지의 소모를 혁신적으로 줄인다. 내가 누구인지 모르고, 왜 사는지, 어떻게 살아야 할지 모르겠는 사람, 자존감이 낮고, 불안감이 높은 사람은 생활을 유지하는 것에 많은 에너지가 소비된다. 이 부분이 해결되어질 때, 어려운 일이 닥치더라도 에너지 소모가 현저하게 줄어든다. 에너지의 유입은 늘고 소비는 줄기 때문에 충분한 정서적 에너지를 갖게 된다. 이것은 자신감, 삶의 활력, 한결같은 열정, 어려운 상황에서의 용기 등으로 나타난다.

다섯째, 자기 자신과의 관계가 달라진다. 자존감이 낮고, 존재의 불안을 느끼고, 다른 사람의 평가에 흔들리는 사람의 대부분은 자기 자신을 좋아하지 않는다. 그러니 자주 내적 불화 상태에 빠진다. 사랑으로 자아가 회복되고, 자존감과 안정감과 자신감을 갖게 된 사람은 자신을 좋아하게 된다. 자기 자신과 좋은 관계를 맺게 된다. 이 관계는 상황이 어렵거나, 주변의 평가가 나빠지더라도 흔들리지 않는다.

여섯째, 다른 사람과의 관계가 달라진다. 내면이 안정된 사람들은 다른 사람의 인정과 사랑을 얻기 위해 노력한다. 자신이 원하는 것을 얻기 위해 다른 사람을 조정하려고 한다. 이기적인 중심으로 사람을 대한다. 자아가 회복된 사람은 해결해야 할 내적인 문제가 없기 때문에 이런 태도에서 벗어난다. 그리고 사랑의 경험을 관계에 반영한다. 다른 사람 안에 있는 아름다움을 찾고, 그것을 발견하며 사람을 사랑한다. 내가 원하는 것을 얻는 것이 아니라 아름다운 사람과 사랑을 나누는 것이 관계의 방향성이 된다.

일곱째, 세상과의 관계가 달라진다. 사랑이 없는 사람은 세상에 대해 소비적 태도를 갖는다. 세상을 소비해서 즐거움을 누리고자 행동한다. 그런데 사랑이 있는 사람을 그렇지 않다. 세상의 아름다움을 발견하고, 세상이 더 아름다워질 수 있도록 돌보는 것을 기본 태도로 삼는다. 이러한 사람은 세상을 더 좋은 곳으로 만드는 생산자의 자세를 취한다.

여덟째, 긍정적인 사람이 된다. 명확한 자존감과 안정감과 넘치는 에너지와 열정을 갖고 있다. 나를 사랑하고, 사람을 사랑하며, 세상을 사랑한다. 이 사랑을 통해서 우리가 더 좋아질 것이라고 믿는다. 어려움이나 문제가 있을 수 있고, 힘든 과정이 있더라도 좋은 결과를 만들어 낼 수 있을 것이라는 자신감이 있다. 그렇기 때문에, 현재가 좋고, 미래는 더 좋을 것이라는 긍정적인 사고방식과 태도를 갖게 된다.

아홉째, 행복해진다. 사랑의 기쁨은 그 자체로 큰 행복감을 우리에게 준다. 정서적 안정감, 정서적 에너지, 자신감, 사람과 세상에 대한 긍정적인 태도는 우리에게 일정한 행복감을 준다. 사랑은 우리에게 진정한 행복을 준다.

사랑이 없을 때, 우리 안에 쌓인 먼지가 마치 자신인 것처럼 우리를 기망한다. 진정한 모습을 잊고, 다른 모습을 나인 것처럼 착각하면서 살아간다. 어제의 나와 오늘의 내가 서로 다른 사람이어서 단절감을 느낀다. 내 안에 내가 너무도 많아서 무엇이 나인지도 모르는 혼란을 느낀다. 내가 존재하는데 존재하지 않는 것 같은 공허함과 참을 수 없는 존재의 가벼움에서 오는 존재적 불안을 느낀다. 기본적인 생활을 하는 것만으로도 정서적 피로감이 높다. 자주 이때마다 우울해지고 아무것도 하고 싶지 않다. 자신감이 없고, 두려움이 많다. 나 자신을 좋아하지 않는다. 스스로 자신을 비난하며 힘들어한다. 다른 사람과의 관계도 좋지 않다. 무엇을 얻고 싶지만 실망과 상처가 반복된다. 세상이 싫다. 지금도 문제이고 앞으로도 더 나빠질 것 밖에 없어 보인다. 당연히 행복하지 않다. 이런 사람에게 삶은 고통이다. 이 초라한 존재와 삶을 언제까지 견딜 수 있을지 모르겠다. 사랑이 없을 때, 우리는 이런 내적 상태에 머무른다.

　사랑은 이런 내면을 변화시킨다. 진짜 내가 누구인지 명확히 알게 된다. 내가 나라는 사람을 깊이 알게 된다. 내가 아름답고 좋은 사람이라고 느낀다. 선명한 자존감과 안정감을 갖게 된다. 충분한 정서적 에너지를 통해서 열정과 자신감을 갖게 된다. 나와 다른 사람, 세상과 삶을 좋아하게 되고, 당연히 행복하다. 내가 좋고, 삶이 좋다. 지금도 좋고, 앞으로 좋아질 것이라고 기대된다. 사랑은 우리를 이렇게 변화시킨다. 그래서 우리에게 가장 중요하고 필요한 것이 사랑이다.

사랑과 사랑이 아닌 것

　자신을 사랑하는 일에 대해서 생각해 보자. 내가 나를 사랑하는 일은 내가 나의 아름다움을 발견해서, 나를 기뻐하고, 원하고, 위하는 것이다. 그것으로 자아를 회복하고, 안정감과 풍성한 에너지를 얻는 것이 나를 사랑하는 일이다.

　내가 어떤 사람인지 생각하지 않고, 나는 내 편이 되어 주어야 한다는 생각으로 이기적인 논리에 갇히거나, 내가 원하는 것을 해 주어야 한다는 생각으로 욕망에 충실한 삶을 살아가는 것은 나를 사랑하는 일이 아니다. 이기적인 행동을 사랑으로 포장해서는 안 된다.

자녀를 사랑하는 것에 대해서 생각해 보자. 부모가 자녀를 사랑하는 일은 자녀 안에 있는 아름다움을 발견해서 아이를 기뻐하고, 원하고, 위하는 것이다. 아이는 이 사랑을 통해서 자아를 회복하고, 안정감과 풍성한 에너지 속에서 살아가게 된다. 이것이 아이를 사랑하는 일이다.

아이의 생존을 위해서 일상적인 의무를 감당하고, 아이의 즐거움을 위해서 이벤트를 제공하고, 아이가 유능한 사람이 될 수 있도록 교육을 제공하는 것이 사랑의 핵심이 아니다. 아이의 몸을 돌본 것도 분명히 사랑이지만 사랑의 핵심은 아이의 마음을 돌보는 것이다.

자녀 안에서 아름다움을 발견하지 못하고, 세속적인 관점에서 아이를 비난하고 평가하는 것은 사랑이 아니다. 아이가 자기 인생을 바로 살길 바라는 좋은 의도였다고 해도 마찬가지다. 아이에 대한 비난과 평가가 진심이었기 때문에 사랑이 아니다.

자녀에게 이해, 수용, 지지, 도움을 바라는 것은 사랑이 아니다. 이런 기대 자체가 나쁜 것은 아니지만, 자녀가 부모의 필요를 채워 주는 일이 사랑이라고 착각하면 문제가 생긴다. 상대를 통해 내 필요를 채우길 바라기 때문에 상대에게 간절한 마음을 갖는 것은 사랑이 아니다.

연인의 사랑에 대해 생각해 보자. 두 사람이 연인이 된다는 것은 서로가 서로 안에 있는 아름다움을 발견하는 일이다. 서로 아름답다고 느끼기 때문에 서로를 기뻐하고 원하고 위하는 것이 사랑이다. 이 사랑은 두 사람을 더 아름답게 만들고, 기쁘게 만든다. 서로를 위하면서 우리가 되게 하고, 서로 함께하면서 완성되었다고 느끼게 한다. 이 사랑 안에서 자아를 회복하고, 자존감과 안정감을 회복한다. 정서적 에너지를 충전받고, 삶에 대한 낙관을 갖게 된다.

영혼의 아름다움이 아닌 다른 아름다움이 핵심 기반이라면 사랑이라고 할 수 없다. 외모의 아름다움에 기반한 사랑이라면 외모의 변화에 따라 사랑이 사라진다. 장면의 아름다움에 기반한 사랑이라면 그 장면이 지나가면서 사랑도 같이 사라진다. 상대가 가진 어떤 매력적인 부분에 기반한 사랑이라면 상대가 그 매력을 잃어버리거나, 취향의 변화로 인해 사랑이 사라진다. 연인 사이의 사랑에서 이런 지점들이 사랑의 출발점이 될 수 있지만 도착점이 될 수 없다. 어느 지점에서 서로의 영혼을 사랑하는 것으로 발전하지 않으면 한 시절의 연애이지 사랑이 아니다. 사랑의 기쁨이나 사랑으로 인한 내적 변화가 나타나지 않는다.

상대에 대한 소비 욕구가 생긴 것은 사랑이 아니다. 상대가 나에게 잘해 주는 것, 안정감을 주는 것, 좋은 환경을 제공해 주는 것, 정서적 에너지를 공급해 주는 것 등 상대가 나에게 제공해 주는 것이 마음에 들어서 그것을 소비하기로 결정한 것은 사랑이 아니다. 상대가 공급해 주는 만족감, 상대에게 받고자 하는 간절함은 사랑과 다르다.

어떤 대상을 사랑하는 것에 대해 생각해 보자. 자연, 사회, 문화, 예술, 철학 안에 있는 아름다움을 발견해서, 그 아름다움을 기뻐하고, 원하고, 위할 수 있다. 이것도 사랑이다. 자연을 사랑해서 자연 안에서 기쁨을 누리고 그 안에 머무르며 자연을 돌보는 것, 그림 안에 아름다움을 발견해서 그 그림을 사랑하고 그 앞에 머무는 것, 민족을 사랑해서 민족을 위해 헌신하는 것, 이것은 관계적인 의미에서의 사랑은 아니지만, 내면적인 의미에서 사랑이다.

사랑, 서로를 완성시키다

어떤 사람은 사랑의 본질이 '위함'이라고 생각한다. 그래서 누군가를 위하는 행동을 실천하면 그것이 사랑이라고 생각한다. 그렇지 않다. "내가 내게 있는 모든 것으로 구제하고 또 내 몸을 불사르게 내줄지라도 사랑이 없으면 내게 아무 유익이 없느니라"(고전 13:3)라고 하셨다. 다른 사람을 위하는 행동이 곧 사랑인 것은 아니다. 사랑이 있기 때문에 다른 사람을 위하는 마음이 생기는 것이다. 사랑의 마음 없이 위하는 행동을 사랑으로 규정하고 그것을 실천할 때, 그것은 '고통'이 될 수 있다.

어떤 사람은 '원함'이 사랑의 본질이라고 생각한다. 내가 누군가를 원하면, 그 사람으로부터 무엇인가를 원해서 상대에 대해 간절한 마음을 갖게 된다. 그것이 사랑이라고 생각한다. 그렇지 않다. 내가 단지 상대를 원하기만 한다면 이기적으로 상대를 소비하는 것일 수 있다. 내가 이기적으로 상대를 소비하면서, 상대를 사랑하고 있는 것이라는 생각은 잘못된 생각이다. 상대가 나의 필요를 채워 주었는데 어느 순간 상대가 없어지니 그 빈자리가 크게 느껴져서 상대가 소중하게 느껴진다. 이것은 사랑이 아니다. 상대로부터 위로와 수용, 도움을 받고 싶은데 상대가 그렇게 해 주지 않아 간절하다. 이것은 사랑이 아니다. 이것은 사랑과 굉장히 거리가 멀다.

사랑이라고 생각하는데 사랑의 열매가 맺혀지지 않으면 사랑이 아니다. 사랑하는데 자아를 찾기는커녕 자신을 잃어 가고, 정서적으로 풍성해지기보다 고갈되고, 내가 더 빛나기보다 메말라 간다면 그것은 사랑이 아닐 수 있다. 사랑이라는 이름으로 그와 전혀 다른 관계를 맺고 있는 것일 수 있으니 내가 가진 관계의 본질을 돌아봐야 한다. 열매가 없다면 사랑이 아닐 수 있다.

사랑은 상대 안에 있는 아름다움을 발견하는 일이다. 그 아름다움으로 기쁨을 느끼며, 상대를 원하고, 위하게 되는 것이다. 이것이 상호적으로 일어나는 것이 사랑의 관계다. 서로를 향한 사랑으로 서로를 더 빛나게 하고, 서로를 더 기쁘게 하고, 너와 나의 벽이 사라지며 우리라는 일체감을 느끼고, 함께하면서 서로가 서로를 완성시킨다고 느끼는 것이 사랑이다. 이 사랑을 통해서 자아를 발견하고, 자존감과 안정감을 얻고, 정서적인 에너지가 넘치며, 다른 사람과 세상을 대하는 태도를 바꿔 놓는 것이 사랑이다.

그래서 사랑은 우리에게 소중하다. 사랑이 아닌 것이 사랑이라는 이름으로 그 자리를 빼앗아서는 안 된다. 사랑이 무엇인지 기억하고 사랑으로서의 사랑을 추구해야 한다. 사랑은 우리 영혼과 삶에 꼭 필요하다.

2
하나님
사랑

많은 사람이 하나님 사랑에 대해 잘못된 정의를 갖고 있다. 어떤 사람은 하나님의 사랑을 동정으로 생각한다. 나는 벌레같이 한심한 존재이지만, 나를 불쌍하게 생각해서 돌봐 주기로 결정하신 것을 하나님의 사랑이라고 생각한다. 이렇게 생각하는 사람은 하나님의 사랑을 생각하면 자신이 초라하게 느껴지고, 주눅이 든다. 계속 감사하다고 해야 할 것 같고, 할 수 있으면 무엇인가 보답해야 할 것 같은 부담감을 느낀다. 가능하면 이런 한심한 상태를 벗어나 하나님의 사랑을 안 받아도 되는 사람이 되고 싶어 한다.

어떤 사람은 하나님의 사랑을 생활의 도움이라고 생각한다. 하나님이 너를 사랑하신다고 이야기하면, 곧장 '그러면 내가 원하는 것을 들어주시고, 내가 필요할 때 도움을 주시겠네'라고 생각한다. 하나님의 마음에 대해서 생각하지 않고, 자신이 얻을 수 있는 유익에 대해서만 생각한다. 누군가 나를 사랑한다고 이야기할 때 내가 '나를 사랑한다고 하니, 내가 원하는 것을 들어주고 내가 필요할 때 도와주겠네'라고 생각한다면 사랑의 본질이 아닌, 사랑을 이용할 생각만 하는 것이다. 하나님께도 마찬가지다. 하나님은 나를 사랑하신다는데, 그 마음을 보지 않고, 그 마음을 내 필요에 따라 어떻게 활용할지 생각한다면 그 자체가 이미 사랑에 대한 거절이다. 이것은 하나님과의 관계를 방해하는 위험한 오해다.

하나님 사랑에 대해 바른 이해를 가져야 한다. 잘못된 이해를 갖고 있으면, '하나님 사랑'에 대한 모든 이야기가 왜곡된다.

사랑에 대한 바른 이해

앞서 말했던 바를 다시 한 번 정리해 보고 싶다(이 책의 핵심이기 때문이다). 사랑은 상대 안에 있는 아름다움을 발견하는 일이다. 사랑은 아름다움에 대한 것이다. 상대 안에 있는 아름다움을 발견하는 것이 사랑의 본질이다. 우리가 흔히 사랑이라고 이야기하는 것은 아름다움에 반응하는 태도다. 아름다움을 발견한 사람은 기뻐하고, 원하고, 위한다. 사랑에 빠지면 상대의 존재로 기쁨을 느낀다. 상대와 함께하기를 원하는 마음을 갖는다. 상대를 소중히 여기며 상대의 아름다움을 지키고 돌보는 마음, 위하는 마음을 갖는다. 사랑에 빠지면, 상대 안에 아름다움을 발견하게 되면, 상대를 기뻐하고, 원하고, 위한다. 이것이 사랑이다. 이것이 사랑의 의미이다. 그러니 하나님이 우리를 사랑하신다고 할 때, 이 사랑의 의미로 하나님 사랑을 이해해야 한다.

하나님이 나를 사랑하신다는 것은 내 안에서 아름다움을 발견하신다는 뜻이다. 하나님이 보시기에 나는 아름답다. 하나님은 나를 아름답게 창조하셨다. 내 안에 아무리 많은 먼지가 쌓여 있다고 하더라도 이 본질은 변하지 않는다. 내 안에 하나님이 창조하신 아름다운 본모습이 내재되어 있다. 그것이 한 번도 제대로 깨어나지 못해서 나 자신도 그것을 알지 못하고 있더라도, 하나님께서는 그 아름다운 나의 본모습을 보신다. 하나님께서는 내 안의 아름다운 모습을 발견하신다. 이것이 하나님이 나를 사랑하신다는 의미다.

그래서 하나님은 나를 기뻐하신다. 아름다움은 기쁨을 준다. 하나님은 우리의 아름다운 모습을 보시면서 기쁨을 느끼신다. 내가 선한 일을 해야 기뻐하시는 것이 아니다. 나의 업적과 성과를 기뻐하시는 것이 아니라 나의 존재 자체를 기뻐하신다. 부모의 눈에 자녀는 너무 예쁘다. 부모는 자녀를 보면서 기쁨을 느낀다. 아이가 예쁜 짓을 하면 더 예쁘지만, 그렇지 않더라도 기쁨을 주는 것은 변함없다. 밥을 먹어도 예쁘고, 걸어가도 예쁘고, 잠을 자도 예쁘다. 하나님이 나를 보며 느끼시는 기쁨도 이와 같다. 하나님은 나의 아름다운 모습을 보시며, 내 존재 자체로 기쁨을 느끼신다.

하나님은 나를 원하신다. 하나님이 나를 동정하고, 하나님이 나를 도와주시는 관계로 생각하는 사람은 내가 하나님을 귀찮게 하는 존재라고 생각한다. 하나님이 나를 원하신다고 생각하지 못한다. 어려울 때 도움을 받은 내가 보답하는 마음으로 바르게 살고, 베풀며 살면 그것으로 보람을 느끼실 것이라고 생각하지 하나님이 나를 원하실 것이라고 생각하지 않는다. 그렇지 않다.

분명 하나님은 나를 원하신다. 부모가 자녀와 함께하는 것을 원하는 것처럼, 자녀의 사랑을 기대하는 부모처럼 부모가 자녀와 좋은 관계가 되길 원하는 것처럼, 하나님도 우리를 원하신다. 우리가 하나님 앞에서 아름다운 존재고, 존재 자체로 하나님께 기쁨을 드리기 때문이다.

하나님은 우리를 위하신다. 각 사람을 동정해서 돕는 것이 아니라, 해야 할 역할이 있기 때문에 돌보는 것이 아니라, 사랑하기 때문에, 아름다운 우리를 아끼고 소중히 여기는 마음으로 위하신다. 하나님의 위하심이 가장 크게 나타나는 것은 구원이다. 하나님은 내가 나의 아름다운 본모습을 잊고, 나 자신으로서 살아가지 못하는 것을 안타까워하신다. 내가 아름다운 본모습을 회복하기 위해 하나님께서 하실 수 있는 최선을 다하신다. 나를 위하시는 하나님의 사랑이 가장 명확히 표현되는 것이 구원이다. 또, 섬세한 부분까지 나를 위하시고 돌보신다. 나를 사랑하시기 때문에, 나를 소중히 여기시는 것이다.

이것이 하나님 사랑이다. 하나님은 나의 아름다움을 발견하시고, 나를 기뻐하시고, 원하시고, 위하신다.

하나님 사랑이 만드는 새로운 사랑

하나님 사랑을 믿고 경험하면 그것은 새로운 사랑으로 자라난다. 하나님 사랑 안에 있으면, 내가 나를 사랑하게 된다. 하나님이 나를 아름답게 바라보시는 눈으로 나의 아름다움을 보게 된다. 사람은 내재되어 있는 자기 자신을 인식하지 못한다. 과거에 자신의 내면과 행동에 대한 기억, 지금 느껴지는 마음, 갖고 있는 생각과 의지의 조합으로 자신을 인식한다.

하지만, 하나님이 나를 사랑하신다는 것을 믿고 경험할 때, 하나님의 눈에 자신이 어떻게 보이는지 알게 된다. 하나님의 눈이라는 거울을 통해 진정한 자신, 내재되어 있는 아름다운 모습을 보게 되는 것이다. 내재되어 있는, 발견하지 못했던 진짜 나를 보는 것이다. 그렇게 하나님의 눈으로 보는 나는 아름답다. 그래서 자신의 아름다움을 발견하면 스스로를 사랑하게 된다. 욕망에 충실하거나, 입장만 고집하는 편들어 주기 식의 사랑이 아니라, 자신의 아름다움을 발견해서 진심으로 기뻐하고, 원하고, 위하게 되는 진정한 사랑을 시작하게 된다.

하나님 사랑 안에 있으면, 다른 사람을 사랑하게 된다. 우리는 보통 다른 사람을 볼 때, 그 사람의 외적인 부분을 주로 본다. 그 사람의 말, 행동, 태도, 외모를 본다. 그것을 통해서 나타나는 그 사람의 인격을 가늠해 보고, 그가 어떤 사람인지 인식한다. 아주 성숙한 사람에게서는 그 사람의 인격적인 아름다움을 볼 수 있지만, 그렇지 않은 사람 안에 담긴 아름다움을 볼 수는 없다. 우리가 정서적 에너지가 부족한 상태라면, 인격적으로 아름다운 사람이 있다고 하더라도 그 아름다움을 보기보다 나에게 주는 유익의 관점으로 사람을 보게 된다. 그러면 아름다움의 이면에 미숙하고 어두운 면에 집중하게 되어서 사람을 바르게 평가하지 못한다. 이런 상태에서 사람을 사랑하는 일은 쉽지 않다.

하지만 하나님 사랑 안에 있으면서 충분한 정서적 에너지를 갖고 하나님이 그 사람을 바라보는 시선을 따라가면서 그 사람 안에 내재되어 있는 아름다움을 발견하고 진심으로 사랑할 수 있다. 사랑해야 한다는 당위로, 호의를 베푸는 흉내 내기 사랑이 아니라, 상대 안에 있는 아름다움을 발견하고 그 아름다움을 기뻐하기에 원하고 위하는 참 사랑을 할 수 있게 된다.

처음에는 가까이 있는 사람에 대해서 이런 사랑을 할 수 있게 된다. 미숙함이나 이기성에 의해서 사랑함에도 온전히 사랑하지 못했던 관계들이 회복될 수 있다. 하나님의 사랑을 더 깊이 경험하면 보통의 평범한 사람들 안에 있는 아름다움을 보게 된다. 그러면 사람에 대한 깊은 호의와 인류애를 갖게 된다. 이보다 더 깊이 하나님의 사랑을 깨닫게 되면, 겉모습이 악하고, 나와 적대적인 관계에 있다 하더라도 그 안에 내재된 아름다움을 바라볼 수 있게 된다. 곧 원수를 사랑하는 단계에 이르는 것이다.

하나님의 사랑 안에 있으면 세상과 삶을 사랑하게 된다. 세상은 하나님을 떠나 왜곡된 부분이 많고 이는 우리에게 분노와 피로의 이유가 된다. 그런 세상 속에 살아가는 것은 고단하고 어려운 일이기 때문에 삶은 부담과 고통이다. 그럼에도 불구하고 하나님의 눈으로 세상을 깊이 들여다보면, 나와 다른 사람 안에 아름다움이 내재되어 있는 것처럼, 세상 안에 아름다움이 내재되어 있는 것을 발견하게 된다. 분명 하나님께서는 이 세상을 아름답게 창조하셨다. 그리고 하나님은 이 세상을 사랑하신다. 그 사랑의 시선 아래서 세상의 아름다움을 발견하고 세상을 사랑할 수 있다. 그 아름다운 세상 속을 걷는 삶을 사랑하게 된다.

하나님의 사랑 안에 있으면 하나님을 사랑하게 된다. 사랑의 출발에서는 하나님 사랑의 시선 아래서 나를 보고, 다른 사람을 보고, 세상을 보면서 나와 다른 사람과 세상을 사랑하게 된다. 하나님 사랑의 시선 아래서 그 대상을 보는 것이다. 이 과정이 반복되면 하나님을 보게 된다. 그리고 하나님이 얼마나 아름다우신지 알게 된다. 사람과 세상 안에 담긴 아름다움은 하나님의 아름다움을 닮아 있다. 하나님의 아름다우심을 그 무엇과도 비교할 수 없다. 하나님이 나에게 하나의 인격체로 느껴지고, 그 하나님의 마음이 얼마나 아름다운지 깨닫게 되면 우리는 하나님을 진심으로 사랑하게 된다. 하나님의 아름다우심을 발견해서, 하나님을 기뻐하고, 원하고, 위하게 된다. 이것이 바로 하나님을 사랑하는 일이다.

하나님이 우리를 사랑하시고 우리가 하나님을 사랑하게 되면 상호성 안에 들어가게 된다. 내면의 사랑을 넘어 관계의 사랑에 진입하게 된 것이다. 사랑은 내면에 대한 이름이기도 하고, 관계에 대한 이름이기도 하다. 내가 상대를 사랑하고, 상대도 나를 사랑해서 서로 사랑의 관계를 맺는 것을 관계적 의미에서의 사랑이라고 한다. 우리가 하나님을 사랑할 때, 하나님과 사랑의 관계를 맺게 된다. 내면의 사랑과 관계의 사랑은 본질적으로 같지만, 에너지의 측면에서는 완전히 다르다. 무한대에 가까운 증폭이 일어나기 때문이다.

기쁨이 상호성을 가질 때 배가 된다. 내가 하나님을 기뻐하는데, 하나님도 나를 기뻐하실 때 기쁨은 증폭된다. 아름다운 하나님과 함께 있는 것은 기쁨이다. 하나님이 나를 아름답게 보시는 것도 기쁨이다. 이 기쁨을 함께 느끼는 것이 기쁨이다. 하나님과 내가 서로를 기뻐한다는 것을 알 때, 이 기쁨은 증폭된다.

위함이 상호성을 가질 때 일체감을 갖게 된다. 내가 하나님과 나를 동일시해 하나님을 위한다. 하나님도 나에게 그러하시다. 하나님의 기쁨이 나의 기쁨이고, 하나님의 슬픔이 나의 슬픔이다. 그래서 나를 위하듯이 하나님을 위하게 된다. 하나님을 위해서 하는 모든 일이 자연스럽다. 그것이 나를 위하는 것과 같기 때문이다. 하나님 역시 나에게 그러하신다. 이때, 하나님과 나 사이를 나누던 벽이 사라진다. 하나님과 '우리'라는 일체감을 갖게 된다.

원함이 상호성을 가질 때, 상대로 인해서 내가 완성되는 경험을 하게 된다. 인간은 서로를 위해 완성되는 존재다. 서로가 서로를 원해서 서로가 항상 함께라고 느낄 때 외로움은 완전히 사라지고 완성되었다는 내적인 만족감을 느끼게 된다. 하나님과 내가 서로를 원하고 있다. 나도 하나님과 함께하는 것이 기쁨이고, 하나님도 나와 함께하며 기뻐하신다. 내가 무엇인가 해서, 하나님이 무엇인가 해 주시기 때문이 아니라 서로 사랑하기에 서로 함께하기를 원하게 된다. 이것으로 우리는 자신이 완성되는 경험을 하게 된다.

이런 상호성은 무한대의 정서적 에너지를 만든다. 사람 사이에서 만들어지는 에너지의 크기와 하나님과의 관계에서 만들어지는 에너지의 크기는 현저한 차이가 있다. 사랑이 순환할수록 더 커지는 것은 같지만, 커지는 속도와 확장성에서 사람 사이에서 만들어지는 사랑과 하나님과의 관계에서 만들어지는 사랑은 비교할 수 없다. 무한대의 에너지를 여기서부터 얻을 수 있다.

예수님께서는 이것을 우리가 하나님 안에 거하고 하나님이 우리 안에 거하심이라고 말씀하셨다. 우리가 하나님을 사랑하고, 하나님이 우리를 사랑하시는 것, 그래서 우리가 하나님을 우리 마음속에 담고, 하나님도 우리를 하나님의 마음속에 담아 두시는 것을 말씀하셨다. 또, 이것을 포도나무와 가지의 비유로 설명하셨다. 하나님과 내가 서로 기뻐하고, 원하고, 위하기 때문에 하나가 되고, 무한대의 에너지를 주고받는 것을, 포도나무와 가지가 서로 하나가 되고, 서로 에너지를 주고받는 것으로 설명하셨다. 하나님과 내가 서로 사랑하는 사이가 되면 이런 일이 일어난다.

하나님 사랑은 우리에게 새로운 사랑을 만들어 준다. 하나님 사랑 안에 있을 때, 우리는 자신을 사랑하게 되고, 다른 사람을 사랑하게 되고, 세상과 삶을 사랑하게 된다. 무엇보다 하나님과 서로 사랑하게 된다. 이것을 통해서 우리는 이제까지와 완전히 다른 정서적 에너지와 만족을 경험하게 된다.

이것은 명령이나 율법이 아니다, 자연스러운 내면의 변화이고 에너지의 흐름이다. 이를 명령으로 오해하는 것은 사랑의 의미를 제대로 이해하지 못하기 때문이다. 이런 사람은 하나님이 나를 사랑했으니, 나도 다른 사람과 세상, 하나님을 사랑해야 한다는 명령으로 이해하고, 하나님의 도움에 대한 보답 정도로 이것을 이해한다. 아니다. 이것은 하나님의 사랑으로 인해 내 안에 일어나는 시선의 변화, 정서의 변화, 에너지의 변화를 이야기하는 것이다. 선물에 대한 보답을 이야기하는 것이 아니라, 선물이 어떻게 더 큰 선물을 만들어 내는지에 대한 이야기다.

하나님 사랑이 내면에 미치는 변화
앞서 말했지만, 사랑은 우리에게 9가지 변화를 준다. 하나님의 사랑도 우리에게 변화를 가져온다. 사람과의 어떤 사랑보다 더 확실한 변화를 가져오는 것이 하나님의 사랑이다.

첫째, 영혼이 회복된다. 모든 인간은 영혼을 갖고 있다. 하나님이 창조하신 우리의 본모습이다. 하나님의 사랑은 우리의 영혼을 회복시킨다. 사람의 사랑이 우리 영혼의 조각을 깨운다면 하나님의 사랑은 우리 영혼을 깨운다. 이 사랑을 통해서 우리는 이제까지 나라고 생각했던 환경과 육체의 먼지를 털어 내고, 새로운 사람이 되는 것을 경험하게 된다.

둘째, 자아가 회복된다. 영혼의 회복은 자연스럽게 자아의 회복, 자존감의 회복으로 이어진다. 내재되어 있던 아름다운 나의 모습이 깨어나는 것을 통해서, 내가 누구인지 명확히 알고, 나 자신에게 자부심을 느끼는 자아의 회복이 이루어진다. 이것은 사람의 사랑을 통해서 느낄 수 있었던 자아의 회복보다 더 선명하고, 더 총체적이다. 내가 어떤 사람인지 더 명확하게 알게 된다.

셋째, 당연히 자존감도 회복된다. 자신이 어떤 사람인지 분명하게 알고 스스로를 자랑스러워하는 마음을 갖게 된다. 이 자존감은 다른 사람의 평가나 사회적 위치에 따라서 흔들리지 않는다. 하나님이 창조하신 나의 나됨에 뿌리 내린 자존감이기 때문에 어떠한 외적 환경에도 영향을 받지 않는다. 시냇가에 심긴 나무와 같은 자존감이다. 다른 사람들의 평가에 따라서 자신에 대한 정체성을 갖는 사람이 바람에 나는 겨와 같다면, 그것과 상관없이 하나님의 사랑 안에서 명확한 자존감을 갖는 사람이 물가에 심긴 나무와 같은 사람이다.

넷째, 안정감을 얻는다. 자신의 존재를 흐릿하게 인식하는 사람은 존재에 대한 불안을 느낀다. 존재하는데, 존재하지 않는 것 같은 모순의 감정을 느끼는 것이다. 선명한 자존감을 가진 사람은 이런 불안에서부터 벗어난다. 하나님의 사랑에서 오는 안정감은 존재의 안정감을 넘어 삶의 안정감까지 이어진다. 삶의 모든 걸음에서 하나님의 나와 함께해 주실 것이라는 믿음은 그 자체로 삶에 대한 안정감을 준다.

다섯째, 충분한 정서적 에너지를 갖는다. 사랑의 관계는 정서의 순환과 증폭으로 무한대의 정서적 에너지를 공급한다. 하나님과 사랑의 관계를 맺는 것에서부터 오는 에너지의 양은 사람의 사랑과 비교할 수 없다. 하나님의 사랑 안에 있으면 어떤 정서적 손실에도 영향을 받지 않을 정도의 압도적 에너지를 얻을 수 있다. 성경에 나오는 믿음의 선배들이 정서적 에너지가 고갈되는 것이 당연한 힘든 상황에서도 여전히 기뻐할 수 있었던 것이 하나님의 사랑 안에서 압도적인 정서적 에너지를 얻었기 때문이다. 이런 에너지를 우리도 얻을 수 있다.

하나님의 사랑은 우리의 내면을 변화시킨다. 진짜 내가 누구인지 명확히 알게 한다. 자기 자신에 대해 깊이 알고 감각할 수 있게 된다. 아름답고 좋은 사람임을 깨닫게 된다. 선명한 자존감과 안정감을 갖게 된다. 충분한 정서적 에너지를 통해서 열정과 자신감을 얻게 된다. 나와 다른 사람, 세상과 삶을 좋아하게 되고, 당연히 삶이 행복하다. 스스로가 좋고, 삶이 좋다. 지금도 좋고, 앞으로 좋아질 것이라는 기대를 품게 된다. 사랑은 우리를 이렇게 변화시킨다. 그래서 우리에게 가장 중요하고 필요한 것이 사랑이다.

사랑을 통한 회복

하나님께서는 사람을 아름답게 창조하셨다. 하지만 사람은 죄로 인해서 자신의 아름다운 본모습을 잊고 살아간다. 하나님께서는 이런 사람들을 안타깝게 여기신다. 그들의 아름다운 본모습을 회복하길 바라신다. 그 아름다운 모습을 회복하는 길은 하나님의 사랑이 우리 마음에 부은바 되는 것이다. 하나님께서는 그 사랑을 우리에게 보이시기위해서 이 땅에 친히 찾아오시고, 십자가에 달려 죽으심으로 자기 사랑을 확증하셨다. 우리가 이 사랑을 믿으면, 우리의 영혼이 구원을 받는다. 그 사랑이 우리의 잠들어 있던 아름다운 영혼을 깨운다. 우리가 이제까지 알았던 나와 다른 새로운 모습이 된다. 새사람이 되는 것이다. 하나님이 만드신 진정한 내 모습을 회복하는 것을 의미한다.

이것이 구원의 인간관이다. 이 관점에서 내가 나를 이해할 때, 하나님의 사랑, 영혼의 구원을 이해할 수 있다. 지금 느껴지는 나의 모습, DNA의 반영과 환경에 의해 형성된 모습을 나라고 생각하면 하나님의 사랑과 영혼의 구원을 경험할 수 없다. 영혼 구원의 인간관을 믿고, 하나님의 사랑으로 영혼이 온전히 회복되길 소망할 때, 이러한 변화를 경험할 수 있다.

하나님의 사랑도 아름다움에 대한 것이다. 사랑은 상대 안에 있는 아름다움을 발견해서 상대를 기뻐하고, 원하고, 위하는 일이다. 누군가에게 이런 사랑을 받을 때, 잠들어 있던 진정한 모습을 회복할 수 있다. 우리의 마음은 사랑을 양식으로 삼아 깨어나고, 자라고, 움직이기 때문이다.

하나님의 사랑을 이야기할 때, 하나님께서 불쌍한 나를 동정하신다고 생각하거나, 하나님의 물리적 도움을 받을 수 있는 기회로 생각한다면 하나님의 사랑을 왜곡하는 것이다. 하나님을 사랑하는 것을 하나님께 받은 것에 대해서 보답이나 하나님의 명령을 지키는 사명감으로 이해한다면 하나님을 사랑하는 일이 무엇인지 이해하지 못한 것이다. 사랑의 뜻을 모르기 때문에 거기에 다른 의미를 부여해서 사랑을 사랑 아닌 것으로 왜곡하는 행동이다.

하나님 사랑도 마찬가지로, 하나님께서 내 안에 아름다움을 발견하시고, 나를 기뻐하시고, 원하시고, 위하시는 일이다. 내가 하나님 안에 아름다움을 발견하고, 하나님을 기뻐하고, 원하고, 위하는 것과 같다. 하나님 사랑은 나 자신을 사랑하고, 다른 사람과 세상을 사랑하게 만든다. 영혼의 회복을 일으켜 자아와 자존감, 안정감과 열정을 갖게 한다. 또 무엇보다 하나님과 서로 사랑함으로 무한대의 에너지를 얻어 그 만족과 열정으로 새로운 사랑으로 향하게 한다.

그래서 하나님의 사랑은 우리에게 소중하다. 하나님 사랑을 제대로 아는 것이 우리에게 매우 중요하다. 사랑이 아

닌 것이 사랑의 자리에 앉아 있지 않게 해야 한다. 하나님
사랑을 다른 무엇으로 해석해서 사랑의 자리를 빼앗기는
일이 없게 해야 한다. 사랑의 의미를 정확히 이해하고, 하나
님 사랑을 온전히 추구해야 한다.

3
영혼을
회복하는 사랑

　사랑은 우리 안에 잠들어 있는 영혼을 깨운다. 인간은 인격적인 존재로 태어난다. 그 인격이 깨어나고 자라기 위해서는 사랑이 필요하다.

　한 아이가 태어났다. 이 아이를 부모가 충분히 사랑해 줄 때, 아이는 자신이 원래 갖고 있었던 본모습으로 자라난다. 선하고, 따뜻하며, 자신만의 열정과 재능을 보이는 영혼을 깨우고 인격이 나타난다.

영혼을 깨우는 사랑

부모가 자녀를 사랑하지 않을 때 자녀는 있는 본모습대로 자라나지 못한다. 부모가 자녀를 방치하거나, 폭력을 행사하거나 생각대로 조정하려고 하면서 사랑해 주지 않으면 자녀는 자신의 있는 그대로의 모습으로 자라나지 못한다. 그 환경이 인격에 심각한 영향을 준다. 성장 과정에서 형성된 모습, 상처, 부모의 모습, 결여에 의한 갈망이 그의 인격에 영향을 준다. 영혼의 부재로 인해서 생긴 빈 공간에 육체적인 욕망이나 성향이 자리를 차지한다. 이렇게 성장한 자녀는 자의식과 정체성에 혼란을 느낀다. 자신이 누구인지 잘 모르겠는 혼란 상태에 이른다. 현재 자신이 인식하는 인격과 본래 자신의 인격 사이에서 괴리가 발생하기 때문이다. 충분한 사랑으로 본연의 인격과 영혼이 자라나야 하는데, 그렇게 못하고 만들어진 빈자리를 환경과 육체가 채우고 있기 때문이다.

부모가 자녀를 충분히 사랑하면 자녀가 원래 갖고 있었던 인격적인 모습이 나타난다. 이 아이는 성장 과정과 자신을 동일시하지 않는다. 욕망과 자신을 동일시하지 않는다. 자신이 원래 갖고 있던 아름다운 모습이 나타난다. 이런 아이는 긍정적이다. 스스로를 좋아하고, 세상과 삶을 좋아한다. 그 안에 담긴 아름다운 모습을 본다. 부정적인 부분을 알지만 그것이 본질이라고 생각하지 않는다. 이런 사람은 따뜻하다. 다른 사람에게 관심을 갖고 따뜻한 마음으로 사람을 대한다. 사랑할 줄 아는 사람으로 자란다. 이 사람은 바르고 선하다. 바르게 살아가고자 하는 의지가 강하고, 선한 행동을 할 때 자부심을 느낀다. 때로 그렇지 못했을 때에는 부끄러움을 느끼고 그것을 잘못이나 실수로 받아들이며 다시 그렇게 하지 않으려고 노력한다. 이 아이는 자신의 독특한 모습을 이해하고 좋아한다. 자신만의 색깔을 이해하고 아낀다. 다른 사람과 비교하거나 사회적 기준으로 자신을 평가하지 않는다. 있는 모습 그대로를 좋아하고 아끼며 그 모습으로 살아가려고 한다. 아이가 충분한 사랑을 받으면 그 사랑을 통해서 인격적인 존재로 자란다. 하나님이 창조하신 본래의 모습, 영혼이 깨어나 마음의 중심에 자리한다. 이것은 명확한 자기 정체성, 내적인 무게감, 안정감과 자부심을 준다.

사랑은 영혼의 양식이다. 사랑받은 사람은 환경에 의해

형성되었던 내면의 숙제가 사라진다. 육체의 욕망에 내면이 압도되었던 것에서도 벗어난다. 그리고 그 자리를 영혼이 채운다. 자신이 원래부터 갖고 있었던 아름다운 영혼이 깨어나 인격으로 나타난다. 사랑은 우리 안에 내재되어 있던 영혼을 깨우고, 성장시켜서 내가 나 자신으로 살아갈 수 있도록 만든다.

사랑은 삶을 깨운다

사랑은 잠들어 있던 우리의 삶을 깨운다. 우리는 세상과 사람의 아름다움을 볼 때, 인생이 아름답다는 것을 깨닫는다. 그 안에 담긴 아름다움을 본다면, 세상을 사랑하게 되고, 그 세상 속에 살아가는 것에 기쁨과 만족을 느끼게 된다. 내가 사랑하는 사람과 사랑하는 곳에 머무는 것에서 기쁨을 느끼고, 사랑하는 대상을 위해 살아가는 것, 세상에 담겨 있는 아름다움을 깨우는 것에 내 삶을 사용하고 싶고, 보람을 느낀다. 이렇게 삶을 사용할 때, 내가 살아야 할 삶을 살았다고 느낀다.

우리가 사랑하는 것이 없다면, 사랑하는 사람, 대상, 세상, 일이 없다면 무엇을 갖고 있더라도 무엇을 하고 있더라도 그것이 가치 없고 허무하게 느껴진다. 인생이 소중하게 사용되지 못하고 엉뚱한 곳에 낭비되는 기분을 느낀다.

사랑은 인생의 가치를 찾아준다. 인생은 다양한 것에 사용된다. 인생은 행복을 위해서 사용되고, 성취를 위해서 사용된다. 즐거움을 위해서 사용되기도 하고, 때로는 살아남는 것 자체가 인생의 목적이라고 느껴지는 순간도 있다. 하지만 사람은 그 모든 순간에서 아쉬움을 느낀다. 살기 위해서 산다고 느낄 때, 인생이 무의미하게 느껴지고, 재미와 행복을 찾으며 살아가다가도 문득, 사는 게 이게 전부인가라는 공허감을 느낀다. 성취를 위해서 힘을 다해 달려가다가 문득, 내가 무엇을 위해 사는 걸까라는 허무가 찾아온다. 그런 것을 위해서 인생을 사용할 때, 값어치 없는 물건을 너무 비싼 값을 치르고 산다는 기분이 느껴진다.

우리가 무엇인가를 사랑하면 그 자체로 삶이 가치 있게 느껴진다. 그 사랑을 위해서 인생을 사용할 때, 삶을 가장 가치 있게 쓰고 있다고 느낀다. 사랑하는 사람이 생기면, 인생이 가치 있게 느껴진다. 그 사람과 함께하기 위해 시간을 쓸 때, 시간을 가장 값지게 썼다고 느끼고, 그 사람을 위해서 나의 역량을 사용할 때 역량을 가장 가치 있게 사용했다고 느낀다.

사랑하는 것이 있으면 그것이 나를 가치 있게 만들고, 사랑하는 대상을 위해서 내 역량을 사용할 때, 의미 있는 삶을 살고 있다고 느끼게 한다. 이전에 다른 것을 위해 인생을 사용할 때, 그렇게 값없는 것에 너무 비싼 값을 치르는 기분이었다면, 사랑을 위해 인생을 사용할 때 내가 너무나 가치 있는 것을 선물로 받고 있는 기분이 든다. 이처럼 사랑은 내 인생의 목적을 찾아주고, 내 삶의 가치를 발견하게 해 준다.

사랑받지 못할 때 생기는 문제들

사랑받지 못할 때 우리 내면에 문제가 생긴다. 영혼이 인격의 자리를 차지하지 못하고, 성장 과정에 의해 형성된 모습과 육체의 욕망이 인격의 자리를 차지한다. 이것은 정체성의 혼란으로 나타난다. 인간은 무의식 속에서 영혼이 진정한 자신임을 알고 있다. 이러한 상태는 자기 자신은 없고, 스스로 누구인지 모르겠다고 느끼는 정체성의 혼란을 준다.

또한 환경과 욕망에 의해 조합된 내면은 자아의 일관성이 없기 때문에 반복되는 혼란을 준다. 어제의 내가 원했던 것을 오늘의 내가 원하지 않는다. 1년 전에 내가 고집스럽게 했던 행동을 지금이 후회한다. 때로는 동시다발적으로 내 안에 내가 너무 많아서 스스로 누구인지 모르겠다. 환경과 욕망의 조합이 인격의 자리를 차지하고 있으니 당연히 혼란스러울 수밖에 없다.

또 사랑받지 못할 때, 낮은 자존감을 갖게 된다. 내가 나를 정확히 알고, 내가 아름다운 존재라고 느낄 때 가치 있는 존재라고 느끼는 자존감이 형성된다. 내가 누구인지 내가 잘 모르겠다. 그런데 나를 소중히 여겨야 할 사람들도 나를 함부로, 가치 없는 사람처럼 대한다. 그러면 자연스럽게 자신도 가치 없는 존재로 느끼며 낮은 자존감을 갖게 된다. 내가 나를 모르는 상태이기 때문에 다른 사람이 보는 시선으로 자신을 보게 되는 것이다.

잘못된 방식으로 내면의 문제를 해결하려고 한다. 사회가 규정하는 나로 정의하고 살아가려고 한다. 사회적 자아를 나의 자아로 받아들인다. 사회의 일원으로서 얻는 소속감, 그 사회에서 받는 인정을 나로 받아들인다. 성적, 학교, 회사, 자산으로 자신을 규정하려 든다. 만약 사회에서 소속을 잃어버리거나 낮은 평가를 받는다면 스스로 가치 없는 존재가 된 것 같은 타격을 받는다. 이는 아주 위험한 방식이고 인간이 진정한 자아를 찾는 방법과는 거리가 멀다.

또 관계에 문제가 생긴다. 다른 사람을 사랑하지 못한다. 다른 사람 안에 있는 아름다움을 발견하고 상대를 사랑하는 방식을 경험해 보지 못했기 때문에 다른 사람을 올바로 대하지 못한다. 환경과 욕망이 자아의 자리를 차지했기 때문에, 나의 필요와 욕망을 채우려는 이기적인 태도로 타인을 대하게 된다. 사랑의 관계, 인격적인 관계를 맺지 못하고 상대를 소비하려는 이기적인 태도로 관계를 맺게 된다. 정서적인 관계를 맺는 것 같지만 이 관계 역시 본질은 상대를 소비하려는 이기적인 태도다. 상대를 정서적 지지를 받는 충전기나 부정적인 정서를 버리는 쓰레기통으로 사용하려 든다.

자신과의 관계에서도 문제가 생긴다. 자신의 아름다움을 모르고, 자신을 사랑할 수 없다. 성장 과정에서 형성된 모습을 자신으로 보기에, 스스로를 미워하거나 초라하게 여긴다. 욕망을 자신과 동일시하는 사람은 욕망을 따라 움직일 뿐이다. 자신과 올바른 관계가 형성되지 않는다. 내가 어떤 존재라는 것이 명확하지 않기 때문에 존재의 가벼움과 불안을 느낀다. 그래서 정량화된 수치 안에서 자신을 규정하는 것을 좋아한다. 학벌, 직장, 자산, 성격 테스트 같이 너는 이런 사람이야라고 규정해 주는 매뉴얼을 좋아하고 그 매뉴얼에서 좋은 점수를 받기 위해서 노력한다. 그것이 내가 좋은 사람이 되는 방법이라고 생각한다. 그러다가 그 매뉴얼에서 좋은 평가를 받지 못하거나 배재되면 존재 자체가 사라진 것처럼 무너져 내린다.

이처럼 사랑받지 못하는 사람은 혼란스러운 자아, 낮은 자존감, 이기적인 태도로 건강한 내면과 관계를 형성하지 못한다.

사랑하지 못할 때 생기는 문제들

삶의 문제가 생긴다. 사랑하지 못한 사람의 영혼은 잠들어 있다. 환경과 욕망이 그 내면을 장악하고 있다. 당연히 이 사람은 환경과 욕망에 따라 살아간다. 이것이 삶의 문제를 만든다.

이 사람은 무기력하다. 삶은 아름다움을 발견할 때 가장 빛난다. 우리는 누군가를 사랑할 때 에너지 넘치고, 삶에 대한 지향과 가치가 달라진다. 다시 태어난 것 같고, 세상이 달라 보인다. 사랑이 없다는 것은 이 에너지와 지향이 없다는 의미다. 무기력하고 싶은 것도 없고 할 힘도 없다. 무엇인가 해야 한다고 생각하면 지치고 부담된다. 그저 쉬고 싶은 마음인데, 쉽다고 해서 쉬어지지가 않는다. 피곤이라는 침대에 계속 누워 있는 기분이다. 사랑이 없는 사람에게 삶은 의미와 기쁨이 없는 의무일 뿐이다. 왜 사는지 모르겠다. 그래서 매사에 무기력하다.

답답함을 느낀다. 어쩔 수 없이 환경에 의해 일한다. 내가 살아온 삶의 맥락에서 나름 원하는 것을 선택했고 최선을 다해서 살아왔다고 생각하는데, 그 결과 어디에 갇힌 기분이다. 삶이 참, 덧없다는 생각이 든다. 항상 벗어나고 싶다.

이 사람의 머리에는 파라다이스가 그려져 있다. 아름다운 곳에서, 아름다운 사람들과 멋진 삶을 사는 상상을 한다. 직관적으로 사랑이 없음이 문제라는 것을 안다. 사랑하는 사람과 사랑스러운 곳에서, 사랑하는 일을 하며 살고 싶다. 하지만 현실 불가한 상황에 답답함을 느낀다.

이 사람은 불안정하다. 감정의 기복이 심하다. 우울, 갈증, 불만, 즐거움, 짜증 그리고 다시 우울을 느끼는 사이클을 반복한다. 사랑이 없는 사람은 무엇인가에 욕망을 느끼는 것을 좋아한다. 욕망이 가져다주는 에너지가 있기 때문이다. 아무것도 욕망하지 않는 상태에서는 우울하다. 무엇인가에 욕망을 느끼면 그것을 간절히 원하는 갈증을 느낀다. 욕망은 보통 쉽게 성취되지 않기 때문에 그 과정에서 불만을 느낀다. 욕망이 채워지는 순간 즐거움을 느낀다. 욕망이 반복적으로 성취되면 익숙함으로 인해 즐거움이 하락한다. 즐거움이 아직 있지만 전과 같지 않고 점점 사라지는 것에 대해서 짜증스러운 감정을 느낀다. 다른 욕망이 없으면 다시 우울이 찾아온다. 불에 다 타버리고 재만 남은 상태처럼 자신이 느껴진다. 그러다가 다른 욕망이 찾아오면 다시 갈증을 느낀다.

이러한 사이클의 반복이 많아질수록 마음이 불안정해진다. 아침에 우울하다가, 먹고 싶은 것이 생기면 열정을 갖고 찾아다니고, 원하는 대로 빨리 일이 되지 않으면 불만을 갖고 화를 내다가, 먹고 싶은 것을 먹으면 좋아하고, 그러다가 시큰둥해지면서 짜증을 내고, 다시 우울해지는, 하루에도 여러 차례 이런 반복을 보이기도 한다. 그래서 욕망을 자주 성취시켜 준 사람이 내면에서 욕망이 차지하는 비중이 높고 이런 불안정성이 높아지기도 한다.

사랑하지 못하는 사람은 조급하다. 삶이 실망스럽고 무섭다. 우리는 사랑하는 대상을 향해 시간과 역량을 쏟을 때, 삶을 가장 값지게 썼다고 느낀다. 그렇지 않으면 항상 별 것 아닌 일에 너무 많은 값을 지불했다고 느낀다. 무엇이든지 내 인생을 사용할 만큼 값진 것은 아니었다는 생각에 실망스럽다. 큰돈을 지불하고, 쓸데없는 물건을 사다가 거실에 잔뜩 쌓아 놓은 기분이다. 이것이 반복되면 무섭다. 내 인생이 이렇게 끝나는 것 같아서, 내가 제대로 살아 보지도 못하고 인생을 낭비한 것 같아서 무섭다. 그래서 지루함과 조급함을 항상 같이 느낀다. 지금 서 있는 곳이 마음에 들지 않아 지루하다. 이것이 내 삶의 전부일까 봐 조급하다.

이 사람은 습관적으로 산다. 무기력, 답답함, 불안정함, 실망스러움은 모두 불편한 감정이다. 해결할 수 없는 불편한 감정을 반복적으로 느끼는 것에서 벗어나고 싶다. 이때 많은 사람이 내놓는 대안이 습관에 나를 묶는 것이다. 사람은 어떤 루틴을 만들어, 그것을 반복하면 복잡한 생각이 없어지고 안정감을 찾는다. 철길을 만들어 놓고 기차를 계속 돌게 하는 것과 같다.

아침에 일어나서 회사에 가고, 일을 하고, 돌아와서 쉰다. 쉴 때는 취미생활, 만나는 사람, 꾸준히 보는 콘텐츠가 있다. 이 루틴을 반복하다 보면 생각이 없어진다. 우리가 단순 노동을 반복하다 보면 아무 생각이 없어지는 것과 같은 원리다. 뭔가 부정적인 감정이 찾아올 때마다 루틴을 만들어서 아예 그런 생각을 할 틈을 주지 않는 것이다. 사랑 없는 사람은 루틴에 자신을 욱여넣고 삶이 흘러가게 만든다.

이 사람은 인생을 낭비하게 된다. 무기력으로 인해 중요한 것을 미루기도 한다. 아무것도 하지 않고 주저앉아서 시간을 낭비한다. 답답함으로 인해 중요하지 않은 것에 역량을 낭비하기도 한다. 이 사람은 현재의 환경에서 벗어나 새로운 환경에 가면 문제가 해결될 것이라고 느낀다. 그래서 긴 여행을 떠나기도 하고, 이직을 하기도 하고, 이사를 하기도 한다. 물론 이런 것들은 잠시 잠깐의 해방감을 준다. 하지만 근본적인 변화는 일어나지 않는다. 변화된 환경도 일정 시간이 지나면 다시 답답함을 준다. 자신의 환경을 크게 바꾸는 것은 많은 역량이 필요하기 때문에 이 사람은 정기적으로 환경을 바꾸는 일에 과도한 역량을 낭비하게 된다.

순간의 욕망에 따라 선택하기 때문에 단절된 삶을 살게 되기도 한다. 그때의 욕망에 따라 움직이기 때문에 삶의 일관성이 없다. 어제의 나, 오늘의 나, 내일의 나의 연결이 끊어진다. 욕망은 그때그때 달라지기 때문이다. 오늘의 나는 어제의 나를 생각하면서 후회와 비난을 던지지만, 내일의 나도 오늘의 나에게 그렇게 한다.

조급함에 신중하지 않은 선택을 하기도 한다. 삶이 얼

마 남지 않았다는 생각 때문에 과격한 선택을 하고 그것이 큰 문제를 만들기도 한다. 습관적으로 사는 사람은 자신이 원하지 않은 삶에 자신을 방치하기도 한다. 그러다가 타의적으로 그 습관의 틀이 무너져서 삶을 돌아볼 때 내 인생이 아닌 것만 같은 괴리감에 당황하고 후회하기도 한다. 이것이 모두 사랑이 없음으로 인해 생겨나는 문제다.

사랑, 많은 문제의 답이 되다

많은 사람이 자신의 문제를 환경으로 인해 생겼다고 생각한다. 하지만, 가장 큰 문제는 사랑이 없음에서 온다. 삶의 많은 문제를 해결할 수 있는 답이 '사랑'이다.

사랑 안에 있을 때, 나는 내가 누구인지 명확하게 알게 된다. 그리고 그런 나의 아름다움을 발견한다. 내면에 명확하게 내가 존재하고, 자연스럽고 정확하게 나를 알게 된다. 그러니 당연히 공허와 혼돈과 불안은 사라진다.

이것은 안정감을 준다. 참을 수 없는 존재의 가벼움을 느끼고 불안감을 느껴서 다른 사람의 시선이나 사회의 시선으로 나를 비춰 보고 평가받을 때 생기는 마음이 사라진다. 이제 내가 얼마나 아름다운 존재임을 알게 됐으며, 존재의 무게감을 느끼게 된다. 자연스럽게 나를 향한 다른 사람의 시선은 중요하지 않게 된다. 누군가 무시하고 모른척해도 큰 영향을 받지 않는다. 내가 당연하게 내 존재를 알고 있다는 것은 내면의 무게 중심이 잡히는 일이다. 이것은 평화로운 안정감을 준다. 내면은 호수처럼 잔잔하고 평화로워진다. 환경과 사람에게 별다른 영향을 받지 않는다.

이때 우리는 기쁨을 느낀다. 또 자부심을 갖게 되고 자존감의 문제는 사라진다. 아름다움은 기쁨을 준다. 내 안의 아름다움을 보면서 기쁨을 느낀다. 기쁨의 크기만큼 자부심이 생긴다. 내가 이렇게 아름다운 존재라는 것이 그 자체로 나에게 자부심이 된다. 당연히 낮은 자존감의 문제는 사라진다. 다른 사람의 평가에 의미를 부여할 때 발생하던 나에 대한 오해들이 사라진다. 이미 나는 좋은 사람임을 스스로 잘 알게 되었기에 기쁘다. 이 모든 것이 사랑을 통해 우리가 얻게 되는 기쁨이다.

이런 사람은 당연히 자신과 타인과 겪던 문제들이 해결된다. 스스로를 홀대하던 마음들이 사라지고, 나의 아름다움을 보면 소중하게 여기게 된다. 나를 기뻐하고, 원하고, 위하기 때문에 나에게 항상 깊은 관심을 갖게 된다. 이 관심 속아서 자신을 잘 돌보고, 지키게 된다. 나는 나의 편이어야 한다는 이기적인 논리로 내 욕망에 충실하거나 내 입장만 주장하는 낮은 수준의 관계가 아니라, 내 아름다움을 알기 때문에 나를 사랑하고 아끼고 돌보는 깊은 관계를 맺게 된다.

다른 사람과도 좋은 관계를 맺게 된다. 다른 사람에게 잘 보여서 정서적 불안을 해결하려고 하거나, 나의 욕망을 상대를 이용해서 채우려고 하는 관계에서 벗어난다. 관계를 사용해 내면의 결여를 채우는 방식에서 벗어난다. 이미 내적 충족이 이루어졌기 때문이다. 누군가와 관계를 맺는 이유는 상대 안에 있는 아름다움을 발견했기 때문이다. 그러니 서로 의존하고 소비하는 관계가 아니라 각자 독립적이면서도 서로를 지지하고 세워 주는 관계를 맺는다.

사랑 안에 있으면 세상이 달라 보인다. 내가 어제 살았던 세상인데 오늘은 전혀 다른 세상에 온 것처럼 세상이 다르게 느껴진다. 세상 안에 있는 아름다움이 보이기 때문이다. 어제까지는 세상의 아름다움이 보이지 않았다. 세상의 부족하고 잘못된 모습만 보였고, 세상의 아름다움을 보지 않았다. 하지만 이제 세상의 아름다움이 보인다. 사랑이 있기 때문에 세상이 아름다워 보이는 것이 아니다. 그가 사랑이 있다는 것이 세상 안에 아름다움을 발견했다는 뜻이다.

삶에 대한 만족감을 느끼게 된다. 삶에 불만족하고, 만족을 위해서는 현저한 환경적 변화가 있어야 한다는 생각에서 벗어난다. 더 높은 위치에 올라서고, 더 많은 것을 누리고, 더 대단한 사람들과 함께해야 세상의 무대 위에 선 것이고 지금은 무대에 올라서지도 못한 실패한 삶이라는 시선과 감각이 사라진다. 지금 내가 서 있는 세상의 아름다움을 보았기 때문에 이곳이 세상의 중심으로 느껴지고 여기에서 살아가는 내 삶이 충분히 만족스럽다. 물론, 현실의 부족하고 잘못된 부분으로 불편과 어려움을 겪지만 그럼에도 중심의 아름다움을 보고 있기 때문에 핵심 감정이 달라지지 않는다. 내가 사랑하는 아름다운 것들이 있기 때문에 인생은 아름답다고 느낀다.

사랑하기 때문에 원하고 위하는 마음을 갖게 된다. 내 결여와 욕망을 채우기 위해서 환경을 개선하려는 방향에서 벗어나 세상을 아끼고 위하는 마음을 갖기 때문에 이타적이고 헌신적인 태도로 세상을 대하게 된다. 의무나 당위에 의한 것이 아니라 사랑에 기반한 원함과 위함을 가졌기 때문이다. 그러니 보상받는 것, 높아지는 것, 원하는 것을 얻는 것은 관심사가 아니다. 세상이 좋아지는 것, 좋아진 세상 안에 머무를 수 있는 것이 핵심이다. 일반적인 기준에서는 겸손하고 이타적인 행동이지만 개인적으로는 자연스러운 반응이다.

당연히 무기력, 답답함, 조급함, 불안정, 습관적 태도는 사라진다. 내 삶에 낭비되고 있고 어딘가에 있을 파랑새를 찾아야 한다는 조급함에서 벗어난다. 이것이 전부라고 한다면 답답하고 무기력하다는 마음도 당연히 없다. 욕망의 에너지보다 더 큰 에너지가 있기 때문에 욕망에 크게 반응하지 않아 불안정성도 사라진다. 내가 이미 아름다운 세상 속에 있다는 기쁨, 이 세상이 원래의 아름다운 모습으로 나타나길 바라는 열정이 삶을 바라보는 기본 태도를 완전히 변화시킨다.

이것이 사랑이 주는 변화다. 사랑은 이제까지와 전혀 다른 내면과 삶의 풍경을 만들어 낸다.

완전히 바뀐 삶의 감각

인간에 대한 이해에 따라서 사랑에 대한 이해가 달라진다. 인간을 환경의 산물로 본다면 사랑은 경험에서 형성된 정서적 반응이다. 부모와 관계에서 형성된 결여, 독립심, 애착이다. 사회적 교육이나 문화에 따라 형성된 가치관, 취향과 문화이다. 인간을 DNA로 정의한다면 사랑은 본능의 반응이다. 본능에 의해서 아이를 돌보고, 이성에 매력을 느끼고, 자기 종의 보호를 위해 헌신한다. 이런 인간 해석에 익숙한 사람들에게 사랑의 논쟁은 교육에서 벗어나 본능으로 돌아가자는 것이다. 경험과 교육에서 벗어나 DNA가 시키는 대로 하는 것이 진정한 사랑이라고 주장한다.

인간을 인격적인 존재로 생각하고, 모든 인간이 태어날 때부터 고유한 자기만의 인격을 갖고 있다고 믿으면, 영혼을 믿는다면, 사랑에 대한 정의는 달라진다. 하나님께서 세상을 창조하셨고 세상 안에 본래의 아름다움을 담고 있다고 하면 사랑의 의미는 달라진다. 사랑은 아름다움에 대한 것이다. 나와 사람, 세상 안에 담겨진 아름다움을 발견하는 일이다. 그 아름다움으로 인해서 기뻐하고, 원하고 즐거워하는 것이 사랑이다.

우리가 영혼을 가진 존재라면 사랑은 존재와 삶의 열쇠가 된다. 사랑이 인간에게 가장 중요하다. 인간은 사랑을 받을 때, 진짜 자신으로 살아갈 수 있고, 사랑할 때, 진정한 삶을 살 수 있기 때문이다.

인간의 진정한 자아는 자신의 영혼이다. 영혼으로 살지 못하고, 환경에 의해 형성된 정서나 사고로 살아갈 때, 여기에서 벗어나고 싶다고 느낀다. 내가 나로 살아가지 못하고 진정한 나는 인식의 수면으로 나오지 못하고 무의식에 갇혀 있다는 것을 깨닫는다. 이 사람은 막연하게나마 자신을 찾고 싶은 강한 열망을 느끼고, 그러지 못할 때 내가 아닌 모습으로 살아가는 것을 거부하는 무기력에 빠진다.

영혼으로 살지 못하고 육체에 따라 살아갈 때, 무엇에 끌려 다니고 있다고 느낀다. 내 욕망을 따라 사는 것을 진정으로 원하는 삶을 산다고 느끼지 않는다. 오히려 욕망에 끌려 다니는 것으로 느껴져서, 그것을 후회하고, 그러고 싶지 않은 순간에도 멈추지 못하고 계속 욕망에 휘둘린다고 느낀다. 그 욕망의 일부이지만 그것이 진짜 내가 아니라는 것을 우리는 직관적으로 알고 있다. 우리는 그 욕망을 제어하고, 욕망보다 깊은 자아를 갖고 살고 싶어 한다. 그러지 못할 때 자신에 대한 분노와 욕망에 허비되는 삶에 대해 허무해진다.

사랑이 이 모든 문제를 해결한다. 사랑은 영혼의 양식이다. 우리가 사랑을 받을 때, 그 사랑을 통해서 영혼이 깨어난다. 내가 본래 갖고 있었던 선한 생각과 따뜻한 마음, 나만의 열정을 느낀다. 존재에 대한 공허함이나 욕망에 끌려 다니는 허무함에서 벗어난다. 스스로 존재의 무게감을 느끼는 정체성과 그런 자신을 좋아하는 자부심을 갖는다. 이것은 삶의 감각을 완전히 바꿔 놓는다. 이제 삶은 평온하고 기쁘다.

오늘 하루, 삶의 의미를 찾다

사랑은 누군가 나의 아름다운 본모습을 발견하고 그 모습을 기뻐하는 것이다. 스스로를 인식하기 어려운 어린 시절, 아름다운 본모습을 발견하지 못한 미숙한 시절, 환경에 압도되어 내가 나를 잊고 오해하게 되는 고통스러운 시절, 이런 사랑은 내가 아름다운 나를 찾아가는 지도가 된다. 이 사랑의 시선을 통해서 나는 나를 찾아가는 길을 발견한다. 나의 아름다움을 보며 나를 즐거워하고, 나를 아끼는 타인의 진심을 통해서 그 길을 걸어갈 수 있는 힘을 얻는다. 스스로의 아름다움을 다시 느낄 때, 하나님께서 만드신 창조된 본연의 모습으로 살아갈 수 있다. 그것만으로도 자존감과 기쁨이 회복된다.

사랑은 인간에게 너무나도 중요하다. 사랑하고, 사랑받은 모든 순간이 삶을 바꾼다. 인간은 사랑하기 위해 살아가는 존재다. 사랑을 위해 시간과 열정을 사용할 때 후회하지 않는 삶을 산다. 사랑은 삶의 대부분의 문제를 해결해 준다. 사랑은 삶의 등대와 같다. 망망대해와 같은 인생에서 길이 보이지 않을 때 방향을 알려 주기 때문이다. 삶의 방향이 되고 오늘 하루의 의미를 부여해 주는 것이 바로 '사랑'이다.

PART 2

성경에서
답을 찾다

4
우리는 왜
사랑에 실패하는가(아가서)

아가서는 일종의 오페라 대본이다. 여자의 노래, 남자의 노래, 이중창, 코러스의 합창으로 이루어져 있다. 그러니 아가서를 읽을 때는 무대를 상상하면서 읽어야 한다.

1막 (1:5-2:17)을 살펴보자. 무대는 전원이다. 앞쪽은 포도원으로 꾸며져 있고, 뒤쪽은 초원으로 꾸며져 있다. 포도원으로 꾸며진 앞쪽 무대에 여자 주인공이 서 있고, 주변에 코

러스들이 서 있다. 여자 주인공은 포도원에서 일 하고 있다. 일터의 옷을 입고, 얼굴은 햇살에 그을려 좀 검다. 멀리 무대 뒤쪽에 남자 주인공이 서 있다. 목동의 옷을 입고 있지만 기품이 넘치는 모습이어서 목동이라는 것이 믿기지 않고 그 옷이 어색하다. 여자가 멀리 있는 남자 주인공을 바라본다. 그리고 노래를 시작한다.

여자 : 모든 여자가 당신을 사랑하는 것이 당연해. 나는 가족에게 미움을 받고 포도원지기로 있어서 햇살에 검게 그을렸지만 아름다워. 사랑하는 당신, 당신이 양을 치며 머무는 곳은 어디인가요. 그곳을 말해 주세요.

친구들 : 어디인지 모르겠으면 양떼의 발자취를 따라가.

이중창 : 남) 사랑하는 그대, 너는 준마와 같이 아름다워. 아름다운 너의 뺨과 목을 위해 보석을 만들어 주고 싶어.

여) 당신과 침대에 앉으면 내가 향기로워져요. 당신은 내 품에 향기에요.

남) 너는 아름답고 네 눈은 비둘기 같아.

여) 사랑하는 그대, 당신은 아름답고 우리 침실은

푸른빛이에요.

　　남) 우리 집은 향기 나는 아름다운 집이야.

　　여) 나는 수선화고 백합화에요.

　　남) 모든 여자들이 가시나무면 당신은 백합화야.

여자 : 남자들 중에 나의 사랑하는 자는 수풀 가운데 사과나
　　무 같아. 난 그 그늘에 쉬고 그 열매에 즐거워. 그가
　　나를 잔치로 인도하고 그는 나를 새롭게 해. 난 이 기
　　쁜 사랑으로 이제 힘이 없어. 그가 왼팔로 내 머리를
　　고이고 오른 팔로 나를 안아. 세상아 잠든 그를 깨우
　　지 않도록 조용히 해 줘.

여자: 그의 목소리가 들려. 그가 나에게 달려와 그리고 이렇
　　게 말해.

남자 : 나의 사랑 일어나서 나와 함께 가자. 우리의 내일은
　　피어나는 꽃과 노래하는 새처럼 밝아. 나와 함께 가.
　　당신의 얼굴을 보게 해 줘. 당신의 소리를 듣게 해 줘.
　　우리를 방해하는 것은 모두 보내고 함께해.

여자 : 그는 나에게 속했고 나는 그에게 속했어.

　여자에게 남자는 모든 사람이 사랑할만한 아름다움을
지닌 이다. 여자 역시 아름다운 사람이다. 나쁜 오빠들이 여

자를 포도원으로 내몰아서 햇빛에 검게 타 아름다움이 잘 보이지 않을 수 있지만 분명 아름다운 사람이다. 저 아름다운 남자가 자신의 아름다움을 알아봐 주길 바란다. 사랑하는 저 사람이 자기를 사랑하길 바란다.

다행히 두 사람은 서로를 알아보고 사랑에 빠졌다. 그리고 끝없이 서로의 아름다움을 노래한다. 서로의 아름다움이 기쁨이 되기 때문이다. 그리고 서로를 원한다. 서로를 원해서 서로를 품에 안고 함께 기뻐한다. 그리고 함께하자고 한다. "나의 사랑, 나의 사랑 나의 어여쁜 자야 일어나 함께 가자"(2:13)라고 고백한다. 이제 서로가 하나로 느낀다. 서로가 서로를 원하고 위하기 때문에 우리가 된 것을 느낀다. "내 사랑하는 자는 내게 속하였고, 나는 그에게 속하였도다"(2:16)라고 고백한다.

아가서는 두 남녀가 사랑에 빠지는 장면을 통해서 사랑이 무엇인지 알려 준다. 사랑은 서로 안에 있는 아름다움을 발견하는 일이라고 이야기한다. 아가서 전체는 끝없이 서로의 아름다움을 노래하는 것으로 채워져 있다.

또, 이것이 큰 기쁨이라고 이야기한다. 두 주인공은 서로를 통해 큰 기쁨을 느낀다. 이 두 사람은 계속 상대로 인해 기뻐하며 만족한다. 그리고 서로를 원한다. 1막은 남자

주인공의 아름다움을 발견한 여자 주인공이 그를 원하는 것으로 시작해서, 남자 주인공이 여자 주인공에게 함께하기를 원해서 고백하는 것으로 마무리된다. 아가서는 사랑이 서로가 서로를 원하는 것이라고 알려 준다. 그래서 이 사랑이 상호성을 가질 때 두 사람을 하나로 만든다는 것도 알려 준다. 내가 그 안에, 그가 내 안에 있게 되는 것, 서로가 서로를 마음에 담고 있기 때문에 서로 하나가 되는 것이 사랑이라고 알려 준다.

한 장면을 더 살펴보겠다. 3막의 시작이다(5:2-6).

> 여자 : 내가 침상에 있을 때 그가 문을 두드리며 "나의 사랑 문을 열어 줘. 내 머리는 밤이슬이 가득해"라고 말하네. 나는 이미 옷을 벗고 누워 다시 일어날 마음이 없어. 그래도 문틈으로 손을 내미는 그의 손에 마음이 움직여 문을 열어 주었는데 그는 이미 사라졌네. 그의 이야기를 왜 내가 듣지 않았지? 내가 혼이 나갔었나 봐. 그를 찾아도 만날 수 없고 불러도 응답이 없어.

두 사람은 이제 함께하고 있다. 남자는 새벽까지 일을 하고 집에 돌아왔고, 여자는 선잠을 자고 있다. 새벽까지 일하며 피곤에 지친 남자가 문을 열어 달라고 두드린다. 문을 두드리는 남자는 여전히 사랑이 가득하다. "나의 사랑, 나의 비둘기, 나의 완전한 자야 문을 열어 다오"(5:2)라고 이야기한다. 하지만 여자는 남자가 이 시간에 돌아올 줄 몰랐다. 이미 옷을 벗고 침상에 누었는데 다시 일어나 문을 열어 주러 가기가 귀찮다. "내가 옷을 벗었으니 어찌 다시 입겠으며 내가 발을 씻었으니 어찌 다시 더럽히랴마는"(5:3). 여자는 미적거리며 남자를 한참 문 밖에 세워 놓는다. 여자가 뒤늦게 일어나 문을 열어 줬을 때는 남자가 이미 떠났다. 남자는 추위에 떨며 지쳐 있는 자신을 그렇게 방치하는 여자에게 상처를 받았다.

이 장면 역시 사랑이 무엇인지 알려 준다. 사랑은 단지 원하는 것이 아니라 위하는 것이라고 알려 준다. 내가 이미 침상에 들었다는 것보다 상대가 문 밖에서 떨고 있다는 것에 더 마음이 쓰이는 것이 사랑이라는 것을 알려 준다. 또한 사랑이 생명임을 알려 준다. 이 여자의 사랑은 시들었다. 서로가 서로 안에 담겨 있을 때는 이럴 수 없다. 상대의 마음에 내가 아직 담겨 있지만 내 안에 아직 상대가 담겨 있지 않기 때문에 나타나는 행동이다. 사랑을 잘 지키고 가꾸지 않았기 때문에 사랑이 마음에서 약해진 것이다. 아가서는 이렇게 사랑이 항상 변함없는 광물이 아니라 우리가 아끼고 돌보고 지켜나가야 하는 생물임을 알려 준다.

사랑, 그 아름다움에 대해

아가서 전체는 반복적으로 하나의 메시지를 전하고 있다. 곧, 사랑이 아름다움에 대한 것임을 알려 준다. 사랑은 상대 안에 있는 아름다움을 발견하는 일이다. 끝없이 서로의 아름다움을 노래하는 이 극(아가서)을 보면서, 우리는 사랑이 상대의 아름다움을 발견하는 일임을 깨닫게 된다.

사랑이 기쁨이라는 것을 알려 준다. 아가서의 두 주인공은 서로를 통해서 끝없이 기뻐한다. 두 사람은 노래를 들으면서 이들의 기쁨을 느낄 수 있다. 사랑은 원함이라는 것을 알려 준다. 두 주인공은 끝없이 서로를 원한다. 서로 함께하기를, 상대가 나를 사랑하기를, 이 사랑이 영원하기를 원한다. 아가서는 사랑이 원함이라는 것을 알려 준다.

사랑은 위함이라는 것을 알려 준다. 상대를 위하지 않아서 상대를 잃을 뻔했던 이야기로 사랑은 위함이라는 것을 알려 준다. 관객은 여자의 모습을 보면서 위하지 않는 사랑은 사랑이 아니라는 것을 깨닫게 된다.

사랑은 생명이라는 것을 알려 준다. 사랑을 잃을 뻔 했던 여자는 간절하게 남자를 찾아다니며 사랑을 회복한다. 이 과정을 보면서 사랑은 생명임을 깨닫게 된다. 사랑은 잘 가꾸고 돌봐야 한다. 때로, 잘 돌보지 않아서 사랑을 잃더라도 마음을 다하면 다시 살려 낼 수 있는 것이 사랑이다. 사랑의 아름다움은 빛나는 보석의 아름다움이 아닌 푸른 나무의 아름다움임을 알려 준다.

서로 사랑하는 것은 두 사람을 하나로 만들어 준다. 사랑은 네가 내 안에, 내가 네 안에 있어 서로가 하나 되는 일이다.

아가서의 저자인 솔로몬은 사랑에 대해 이스라엘에게 알려 주려고 했다. 잠언의 방식으로는 그 사랑은 다 표현할 수 없었다. '사랑은 아름다움을 발견하고, 서로를 기뻐하는 일이다'라는 정의적 문장으로는 그 의미가 온전히 전달될 수 없었다. 그래서 솔로몬은 오페라를 사용했다. 이 극과 노래를 통해서 사랑의 뜻이 온전히 전달되길 바랐다. 아가서는 '사랑'이 무엇인지 알려 주는 책이다.

이스라엘은 하나님 사랑의 의미를 잘 느끼지 못했다. 그들에게 사랑은 너무 어려운 일이었다. 더 직접적이고, 적나라한 표현과 장면들을 가감 없이 사용해 이스라엘의 틀에 갇힌 생각을 깨길 원했다. 이스라엘에게 신앙은 곧 사랑이었고, 사랑은 아름다움, 기쁨, 원함과 위함, 하나가 됨에 대한 것이라고 가르쳐 주는 것이 아가서다.

하나님께서는 아가서를 통해서 우리에게도 동일한 것을 가르치신다. 사랑이 무엇인지 알지 못해서 하나님 사랑을 잘 이해하지 못할 때, 아가서를 통해 우리가 사랑을 배우길 원하셨다.

5
온전한 사귐과 누림은
가능한 일인가 (요한일서)

요한은 요한일서에서 사랑의 하나님, 사랑의 복음을 이야기한다. 요한은 그리스도인의 신앙을 '사귐'과 '누림'이라고 설명한다. 요한은 예수님과 함께했다. 예수님을 눈으로 보고, 손으로 만지며 교제했다. 요한은 신앙생활이 근본적으로 이와 같다고 이야기한다. 자신을 통해서 복음을 접하는 다른 사람들에게도 신앙은 '사귐'이고, '누림'이고, '기쁨'

이라고 이야기한다.

요한은 신앙생활은 하나님과의 관계를 통해서 우리 안에 많은 좋은 것을 경험하고, 그로 인해서 기뻐하는 것이라고 이야기한다.

> "우리가 보고 들은 바를 너희에게도 전함은 너희로 우리와 사귐이 있게 하려 함이니 우리의 사귐은 아버지와 그의 아들 예수 그리스도와 더불어 누림이라 우리가 이것을 씀은 우리의 기쁨이 충만하게 하려 함이라"(요일 1:3-4).

깨끗함의 은혜, 십자가

요한은 복음을 누리기 위해서는 자신을 바라보는 시각이 중요하다고 한다. 그는 하나의 그림을 제시한다. 정말 아름다운 사람이 한 길을 지나오면서 많이 더러워진 모습의 그림이다. 우리가 이와 같다고 이야기한다. 우리는 하나님이 창조하신 아름다운 모습을 갖고 있다. 하지만 이기, 자만, 환경, 욕망처럼 지저분한 것들이 묻어서 본래의 모습을 가렸다. 이것이 요한이 제시하는 그림이다.

'깨끗함'이라는 표현이 핵심이다. 우리에게 묻어 있는 것은 분명 문제가 있으며 반드시 씻어 내야 한다. 본래의 모

습이 아닌 묻어 있는 것을 씻어야 한다는 의미다. '깨끗함'
이라는 표현에는 우리의 아름다운 본모습, 현재의 문제적
인 모습, 개선되어야 하고 개선될 수 있다는 모든 표현이 담
겨 있다.

이 그림을 받아들이지 않는 사람은 두 부류다. 하나는
현재의 더러워진 모습이 더럽지 않다고 말하는 사람이다.
그는 씻을 이유가 없다고 말한다. 더러운 모습을 더럽지 않
다고 말한다. 이는 하나님이 만드신 본래 우리의 모습을 믿
지 않고, 현재의 모습이 아름답지 않다는 것도 인정하지 않
는다. 모두가 현재의 모습에 문제가 많다고 말하고 심지어
스스로도 자신의 모습이 그리 마음에 들지 않지만, 깨끗해
질 수 있다는 것을 믿지 않는다.

요한은 우리가 이 그림을 받아들여야 한다고 말한다.
우리 안에 내재된 아름다운 모습을 믿고, 현재 더럽혀진 것
에 대해 문제의식을 갖고, 하나님께서 우리를 깨끗하게 하
실 수 있다는 신뢰 속에서, 깨끗해지려고 노력해야 한다고
도전한다. 이것이 우리가 복음을 경험하는 길이라고 제시
한다.

"만일 우리가 죄가 없다고 말하면 스스로 속이고 또 진리가

우리 속에 있지 아니할 것이요 만일 우리가 우리 죄를 자백하면 그는 미쁘시고 의로우사 우리 죄를 사하시며 우리를 모든 불의에서 깨끗하게 하실 것이요"(요일 1:8-9).

요한은 우리의 본모습은 하나님의 사랑을 경험할 때 회복된다고 한다. 요한은 우리가 사랑의 하나님을 알아야 한다고 이야기한다. 하나님이 능력이 많으셔서 나를 도와주실 수 있다는 것, 창조자 하나님이 세상의 주관자시라는 것, 하나님이 진리와 선함의 기준이시라는 것, 이렇게 하나님의 능력, 선하심을 아는 것도 하나님을 아는 것이지만 그렇게 알아서는 하나님을 진정으로 안다고 할 수 없다. 사랑으로서 하나님을 알아야만 하나님을 아는 것이다.

곧 다시 말해, 하나님이 나를 사랑하신다는 것을 마음으로 알아야 한다. "하나님은 사랑이 많은 분이다"라는 것을 정보로 학습하는 것이 아니다. 연인은 서로를 '나의 사랑'이라고 부른다. 그 사람의 이름을 사랑으로 정의한다. 이처럼, 내가 하나님을 부를 때, "하나님은 사랑이시다"라고 부를 수 있어야 한다. 이것이 사랑으로서 하나님을 아는 일이다. 하나님을 아는 것이 아니면 하나님을 알지 못하는 것이다. 하나님이 나를 사랑하신다는 것을 마음으로 아는 것이 진정한 의미에서 하나님을 아는 것이다.

> "하나님이 우리를 사랑하시는 사랑을 우리가 알고 믿었노
> 니 하나님은 사랑이시라"(요일 4:16).

요한은 십자가의 핵심이 하나님 사랑임을 이야기한다. 그는 십자가가 우리의 죄를 깨끗하게 하며 그 십자가의 핵심이 바로 우리를 향한 '하나님 사랑'임을 말한다. "그 아들 예수의 피가 우리를 모든 죄에서 깨끗하게 하실 것이요"(요일 1:7).

십자가는 하나님께서 화목의 언약을 완성하시는 대속의 의미가 있다. "그는 우리 죄를 위한 화목제물이니 우리만 위할 뿐 아니요 온 세상의 죄를 위하심이라"(요일 2:2).

이 십자가와 대속에 담긴 핵심은 사랑임을 강조한다. 하나님이 사랑을 우리에게 보이신 것이 십자가의 핵심임을 재차 말한다.

> "사랑은 여기 있으니 우리가 하나님을 사랑한 것이 아니요
> 하나님이 우리를 사랑하사 우리 죄를 속하기 위하여 화목제
> 물로 그 아들을 보내셨음이라"(요일 4:10).

하나님 사랑으로 깨어난 영혼

요한은 하나님의 사랑이 잠들어 있는 우리의 아름다운 본모습을 깨운다는 이야기와 십자가의 은혜가 죄에서 자유하게 한다는 것이 연결됨을 설명해 준다. 이는 이미 이야기한 것처럼 깨끗해짐으로 표현되기도 한다. 깨끗해짐의 표현은 우리의 원래 모습이 아름다운데 더러운 것이 묻어 그아름다움이 감춰졌다는 것을 전제한다.

이것은 생명으로 표현되기도 한다. 하나님의 영혼이 나에게 찾아오셔서, 영혼을 깨우고, 이것은 영원히 잠들지 않을 것이다. 하나님과 함께하시던 '영원한 생명'이 우리에게 찾아와서 우리에게 '영원한 생명'을 주신다. 생명이라는 표현은 중의적이어서 복잡하게 느껴질 수도 있지만, 그 자체로 아름답다.

생명은 살아 있는 우리의 본모습이라는 뜻이기도 하다. 이 생명을 얻기 전에 우리는 죽어 있었다. 영혼이 우리의 본모습, 곧 우리의 정체성이다. 또 하나는 하나님께서 창조하신, 하나님을 닮은 모습이라는 뜻이기도 하다. 예수님을 영원한 생명으로 표현하고, 우리를 다시 영원한 생명으로 표현한다. 그것은 예수님이 우리에게 생명이 되신다는 의미다. 다시 말해서 하나님의 사랑이 우리 안에 잠들어 있던 영혼을 깨운다는 뜻이기도 하고, 동시에 이 영혼이 하나님의 창조의 때에 우리에게 불어 넣으신 하나님의 숨으로, 우리가 하나님과 닮아 있다는 뜻이기도 하다.

중의적이어서 복잡하게 느껴지지만 매우 아름다운 표현이다. 그럼에도 핵심은 하나님 사랑이 우리 안에 잠들어 있던 진정한 모습을 깨운다는 뜻이다.

> "이 생명이 나타내신 바 된지라 이 영원한 생명을 우리가 보았고 증언하여 너희에게 전하노니 이는 아버지와 함께 계시다가 우리에게 나타내신 바 된 이시니라"(요일 1:2).
> "그가 우리에게 약속하신 것은 이것이니 곧 영원한 생명이니라"(요일 2:25).
> "또 증거는 이것이니 하나님이 우리에게 영생을 주신 것과 이 생명이 그의 아들 안에 있는 그것이니라"(요일 5:11).

요한은 회복된 우리가 하나님과 사랑하는 관계가 된다고 이야기한다.

깨끗해진다는 것은 자연스럽게 내가 나를 사랑하게 되는 것으로 연결된다. 사랑은 상대 안에 담긴 아름다움을 발견하는 일이다. 내가 나의 아름다움을 발견한다는 것은 나를 사랑하게 되는 일이다.

여기서 한 걸음 더 나가면 내가 하나님을 사랑하게 된다. 하나님이 나에게 어떤 분이신지 보는 것에서 멈추지 않고, 하나님이 어떤 분이신지 바라보게 된다. 그러면 하나님이 얼마나 아름다우신 분인지 발견하며 하나님을 사랑하게 된다.

하나님과 내가 서로 사랑하게 되면, 곧 사랑이 상호성을 갖게 되면, 엄청난 폭발력이 생긴다. 내가 그를 기뻐하는데 그도 나를 기뻐한다. 내가 그를 원하는데 그도 나를 원한다. 내가 그를 위하는데 그도 나를 위한다. 그러면 둘은 하나가 된다. 내 안에 그분이 있고, 그분 안에 내가 있으면서 서로의 경계가 허물어지고 연합하게 된다. 내 안에 머물러 있던 내가 확장되어서 더 넓고 새로운 내가 되는 것이다. 이때 사람은 이제까지의 불완전한 느낌을 털어 내고 자신이 완성되었다고 느낀다.

하나님과 나 사이에 이런 상호성이 이루어지는 것이다. 아가서에서 남자와 여자가 서로 나누었던 사랑이, 하나님과 나 사이에 이루어지는 것이다. 하나님이 내 안에 있고, 내가 하나님 안에 있어서 하나님과 내가 하나가 되고, 내가 완성되었다고 느끼는 그 사랑의 기쁨이 구현되는 것이다.

"내 사랑하는 자는 내게 속하였고, 나는 그에게 속하였도다"(아 2:16).

"사랑 안에 거하는 자는 하나님 안에 거하고 하나님도 그의 안에 거하시느니라"(요일 4:16).

요한은 이 사랑 안에 머무를 때, 우리가 다른 사람을 사랑하며 빛에 거하게 된다고 이야기한다. 이렇게 하나님을 사랑으로서 알고, 하나님과 사랑으로 연결된 사람의 마음 속에는 사랑이 넘친다. 이 사람은 다른 사람을 볼 때 이전의 시선으로 보지 않는다.

깨끗해지기 전에 이 사람은 자만, 이기, 욕망, 환경의 눈으로 다른 사람을 봤다. 자신의 기준에서 판단하고, 이익을 위해 상대를 이용한다. 상황에 맞춰서 상대를 대하고, 내가 원하는대로 상대를 대한다. 상대의 현상적인 모습을 파악하고, 그것을 나를 위해 어떻게 활용할지 생각한다.

깨끗해지고 나서는 다르다. 하나님께서 잠재되어 있는 나의 아름다움을 보신 것처럼 나도 다른 사람 안에 담겨져 있는 아름다움을 본다. 하나님이 그 사람도 아름답게 창조하셨다. 지금 보여지는 그의 모습이 아니라, 그 안에 내재된 아름다운 모습이 있다. 이 모습을 보고 그 사람을 사랑한다.

깨끗해진 사람은 다른 사람을 사랑으로 대한다. 도덕적 당위로 하는 나눔을 사랑이라고 부르지 않는다. 사랑이신 하나님을 통해 알게 된 그 사랑으로 다른 사람을 사랑해야 한다.

이런 사람들은 이제까지 경험해 보지 못한 새로운 공동체를 만든다. 서로가 서로 안에 아름다움을 발견한 사람들의 상호성이 여러 관계에서 동시에 발생하는 것이다. 곧, 사랑의 공동체, 하나님의 나라가 만들어지는 것이다.

> "사랑하는 자들아 우리가 서로 사랑하자 사랑은 하나님께 속한 것이니 사랑하는 자마다 하나님으로부터 나서 하나님을 알고 사랑하지 아니하는 자는 하나님을 알지 못하나니 이는 하나님은 사랑이심이라"(요일 4:7-8).
> "사랑하는 자들아 하나님이 이같이 우리를 사랑하셨은즉 우리도 서로 사랑하는 것이 마땅하도다"(요일 4:11).
> "우리가 사랑함은 그가 먼저 우리를 사랑하셨음이라"(요일 4:19).

신앙으로서의 사랑

당시의 교회들은 '그리스화'라는 위기를 겪고 있었다. 사람들이 익숙한 그리스 문화의 방식으로 신앙을 해석하며 어려움이 발생했다. 신앙을 사귐과 교제로 생각하지 않고 자신들에게 익숙한 철학의 방식으로 이해했다. 나를 사랑하시는 하나님과의 교제로 하는 신앙생활이 아니라 신비체험을 통해 신의 뜻을 분별하는 것을 선호했다. 그렇게 논리와 신비의 종교로 오해되면서, 내면의 변화의 삶의 변화는 사라졌다.

요한이 이런 문제를 갖고 있는 교회들에게 편지를 보낸 것이 요한일서다. 요한은 신앙이 철학이 아니라 사랑이라고 이야기한다. 나를 사랑하시는 하나님과의 사귐, 누림, 기쁨이라고 이야기한다. 적그리스도를 경계하라고 이야기한다. 신비라고 해서 다 하나님으로부터 오는 것이 아니니 그 중심을 구별하라고 한다. 십자가의 사랑이 빠져 있는 것이면 그것은 하나님으로부터 온 것이 아니라고 지적한다. 빛의 삶을 살고 사랑의 교제를 나누되, 사랑이 넘침으로 자연스럽게 되는 것을 경험해야 한다고 한다.

그리고 이 모든 것들에 대한 대답으로 사랑을 이야기한다. 하나님의 사랑으로 내 안에 생명이 깨어나고, 그 생명력으로 빛의 삶을 살아가는 것을 이야기한다. 하나님께 사랑받아, 세상을 사랑하게 되는 것을 이야기한다.

"태초부터 있는 생명의 말씀에 관하여는 우리가 들은 바요 눈으로 본 바요 자세히 보고 우리의 손으로 만진 바라"(요일 1:1).

"만일 우리가 하나님과 사귐이 있다 하고 어둠에 행하면 거짓말을 하고 진리를 행하지 아니함이거니와"(요일 1:6).

"자녀들아 우리가 말과 혀로만 사랑하지 말고 행함과 진실함으로 하자"(요일 3:18).

"사랑하는 자들아 영을 다 믿지 말고 오직 영들이 하나님께 속하였나 분별하라 많은 거짓 선지자가 세상에 나왔음이라"(요일 4:1).

"자녀들아 너희 자신을 지켜 우상에게서 멀리하라"(요일 5:21).

이 말씀은 우리에게도 중요한 메시지다. 우리도 때로 이와 같은 실수를 하기 때문이다. 우리에게 익숙한 사고방식과 문화로 신앙을 재해석한다.

내가 현실의 문제에 관심이 많으면 하나님이 나의 현

실에 어떤 도움을 주시는지의 관점에서 신앙을 본다. 가치관을 세우고 실천하는 방식에 익숙하면 신앙을 가치관으로 세우고 실천해야 하는 덕목들을 실천하는 방식으로 신앙을 이해한다. 신앙의 권위가 '신비'라고 생각하면 신비체험에 집중하고 이런 체험에 담긴 메시지를 진리라고 생각한다. 막상 내면의 변화와 삶의 변화는 없다. 말은 하지만 실재는 없다. 우리도 같은 실수를 한다. 그것을 예상했기에 하나님은 요한일서를 통해서 우리에게 미리 해답을 주셨다.

하나님께서는 요한일서를 통해 신앙은 사랑에 대한 것이라고 가르쳐 주신다. 사랑으로써 하나님을 알고, 그 사랑으로 내 안에 진정한 모습이 회복되고, 하나님과 서로 사랑하는 관계가 되고, 그래서 자연스럽게 다른 사람을 사랑하게 되고, 빛으로 살아가게 되는 것을 말씀하신다. 이것이 핵심이다. 사랑이라는 신앙의 핵심에 귀를 기울여야 한다.

6
복음과 사랑은
어떤 관계인가 (로마서)

로마서는 복음의 핵심을 가장 잘 설명한 책이라고 평가된다. 바울은 복음을 어떻게 설명하는지, 바울이 설명한 복음 속에서 사랑은 어떤 의미인지 살펴보자.

상실한 마음이 문제다 (롬 1:21-23)

바울은 로마서 1장에서 바울은 인간의 핵심적인 문제를 상실한 마음이라고 지적한다. 우리 마음에 하나님이 있을 때, 우리는 하나님이 창조하신 아름다운 원래의 모습을 유지할 수 있다. 아이가 부모와 함께하며 부모에게 사랑을 받을 때 아름다운 원래 모습으로 자라날 수 있는 것처럼, 우리가 하나님과 함께하며 하나님의 사랑을 받을 때 아름다운 영혼의 모습으로 살아갈 수 있다.

그런데 인간은 이것을 인정하지 않았다. 하나님의 사랑 안에 자라나는 것보다 자기 마음대로 하는 것이 더 좋은 일이라고 생각했다. 자신이 생각하기에 자신에게 좋은 것, 사람들에게 인정받는 명예, 자기가 원하는 것을 할 수 있는 돈, 자기 뜻대로 세상을 조정하는 권력, 이런 것이 자신에게 좋은 것이라고 생각했다. 그리고 그것을 추구하기 시작했다. 하지만 그것은 잠시 즐거움을 주는 신기루에 지나지 않는다.

무엇이 맞고 좋은 것인지 하나님께 배우려 하기 보다는 스스로 결정하려고 하는 것이 '죄'다. 하와가 선악과를 먹으면서 자신이 선악을 판단하는 주체로 삼은 것이다. 하지만 인간은 그것을 판단할 능력이 없기 때문에 엉뚱한 것을 그 자리에 세운다. 그것이 맞고 좋은 것이라고 생각하고 기준으로 세우지만 사실 그렇지 않기 때문에 항상 문제가 생긴다. 이것이 우상숭배다.

나를 잃고, 사랑을 잃고(롬 1:28-31)

그 결과 인간은 상실한 마음이 된다. 하나님이 만드신 우리의 아름다운 모습은 잠들어 버린다. 우리의 내면은 진공상태가 된다. 내가 있는데, 내가 없는 상태가 된 것이다. 이 빈 공간을 엉뚱한 것들이 채운다. 내가 무엇이 좋고 맞는지 알고 있다는 교만, 내 욕망에 따라 그것을 결정하는 어리석음, 이 욕망과 어리석음의 결과물들이 마음을 채운다. 하나님이 만드신 아름다운 모습은 잠들고, 그 위에 먼지가 잔뜩 쌓이는 것이다. 그 먼지가 마치 자신인 것처럼 생각하게 된다. 이것이 모두 상실한 마음이다. 진정한 나를 잃어버리고, 내가 아닌 모습을 나라고 생각하면서 살아가는 모든 순간이 나를 잃어버리고 사는 것이다.

나를 잃어버린 사람은 사랑을 잃어버린다. 무정하고 무자비해진다. 내면의 따뜻함을 잃어버리고, 다른 사람을 따뜻한 마음으로 대하는 것을 잃어버린다. 이 사람은 교만하다. 아무것도 모르면서 자신이 선택한 답이 정답이라고 생각한다. 불의하다. 잘못된 기준을 세워 놓고 그것이 맞다고 생각하고 행동한다. 욕망에 따라 움직인다. 자기중심적인 사람이 자기 안에서 발견하는 기준이란 육체의 욕망과 환경에 의해 형성된 사고방식 밖에 없기 때문이다. 이렇게 무정하고, 자만하고, 욕망에 따라 움직이는 사람은 자기 이익을 위해서 다른 사람을 공격하는데 크게 개의치 않는다. 상실한 마음으로 인해 문제적인 삶을 살게 되는 것이다. 사랑 없이, 자기 욕망으로 세상을 대하기 때문에 서로에게 고통을 주는 삶을 산다.

의롭게 하심의 은혜(롬 3:21-26)

바울은 하나님께서 이 사람들을 변화시키고자 하시고, 하나님께서 이 사람들을 변화시키실 수 있다고 이야기한다. 우리가 하나님을 통해서 변화될 수 있다고 말한다.

바울은 변화의 핵심으로 "의롭다 하심"을 이야기한다. 지금 우리는 죄인의 모습이고 악인의 모습이다. 어리석은 기준, 이기적인 욕망에 따라 살며 그로 인한 결과물들을 마음에 쌓아두고 그 마음으로 말하고 행동하는 것이 우리의 모습이다. 진정한 모습을 잃어버리고 우리 안에 쌓인 먼지를 나의 본모습이라고 생각하면서 살아간다. 하지만 하나님은 지금 보이는 그런 모습을 우리의 본모습이라고 생각하지 않으신다. 하나님이 우리를 보실 때, 그 먼지 안에 감추어져 있는 우리의 본모습을 보신다. 하나님이 창조하신 원래의 아름다운 모습으로 우리를 보신다. 그러니 하나님은 우리를 의롭다고 하신다. 지금 당장 보이는 모습은 의롭지 않지만, 우리는 이미 의로운 사람이고 의로운 모습으로 나타날 수 있다고 하신다. 그것이 하나님이 우리를 바라보시는 시선이다.

또 바울은 '속량'에 대해서 이야기한다. 하나님은 우리가 우리의 본모습을 잊고, 상실한 마음으로 살아가는 것을 안타까워하신다. 우리가 스스로 이 문제를 해결할 수 없는 지경에 이르렀다는 것을 아신다. 그래서 우리가 회복되기 위해서 필요한 일을 하나님께서 하시기로 결정하신다. 각 사람의 노력으로 회복되어야 하지만, 그렇게 할 수 없기 때문에 우리의 회복을 위해 필요한 것을 하나님께서 대신해 주시는 것이다. (그러면 회복을 위해 내가 필요한 것이 무엇이고, 하나님이 구체적으로 무엇을 하셨는가는 로마서 5장에 설명되어 있다. 로마서 3장은 구원의 전체적인 구조를 설명하는 것이고 5장에 핵심을 설명하는 것이기 때문

이다)

바울은 '믿음'에 대해서 이야기한다. 변화를 위해서 우리가 할 역할이 있다. 바로 믿음을 보이는 일이다. 구속사의 이야기 속에서 나를 발견하는 것이다.

> "하나님께서 우리를 창조하셨다. 우리 안에는 하나님을 닮은 아름다운 모습이 있다. 이 모습은 죄로 인해 내 안에 잠들어 버렸다. 나는 죄의 결과물들, 내 안에 쌓인 먼지를 나로 알고 살아간다. 하지만, 하나님께서는 내 안에 쌓인 먼지를 나라고 생각하지 않으신다. 나의 아름다운 본모습을 보시고, 나를 의로운 사람이라고 하신다. 내가 마음에 쌓인 먼지를 털어내고 아름다운 모습을 회복하기 바라신다. 그래서 나의 회복을 위해서 필요한 일들을 하나님이 하신다. 나는 하나님으로 회복될 수 있다."

이것을 믿어야 한다. 이 믿음이 우리가 회복되는 출발점이다. 내가 문제라는 것을 인정하고, 나를 회복하시려는 하나님을 신뢰함을 통해 우리는 영혼의 회복을 시작할 수 있다.

바울은 이것이 '하나님의 의로우심'이라고 이야기한다.

이것이 하나님의 기준이고 방향이다. 우리를 이렇게 구원하시는 것이 하나님의 기준이다. 우리는 이것을 통해서 하나님을 하나님으로 다시 알게 될 것이다. 즉 하나님이 만드신 아름다운 모습으로 회복되는 것이다. 하나님의 의로우심을 아는 사람이 되는 것이다. 하나님의 의가 나타나는 것이다. 이것은 또 우리가 의로워진다는 의미이기도 하다.

바울은 이렇게 우리를 회복하시는 하나님의 마음과 노력, 그로 인해 만들어진 구원의 길을 '은혜'라고 부른다. 우리가 할 수 없는 것을 거저 받았다는 뜻이고, 이것이 우리에게 너무 아름답고 놀라운 일이라는 뜻이다.

우리가 아직 죄인 되었을 때에, 우리의 겉모습이 아닌 우리의 원래 아름다운 모습에 주목하시는 하나님의 의롭다 하심을 믿을 때 그 하나님의 시선 아래서 우리는 우리의 아름다운 원래 모습을 회복할 수 있다. 그래서 하나님과 함께 하는 것을 기뻐하는 사람이 된다. 하나님의 의롭다하심으로, 우리를 의롭게 하시며, 하나님의 의로우심을 나타내는 것이다.

십자가를 통한 영혼의 회복(롬 5:5-11)

우리의 회복을 위해서 필요한 것은 무엇인가? 우리의 회복을 위해 하나님께서는 무엇을 하셨나? 우리를 죄에서 구원하시기 위해서 무엇을 하셨나? 이 땅에 오셔서, 우리를 위해 십자가를 지고 죽임을 당하셨다. 우리가 속량을 믿는 것은 이 십자가를 믿는 일이다. 그러면 십자가는 무슨 의미를 갖고 있을까? 바울은 로마서 5장에서 이것이 "하나님의 사랑이 우리 마음에 부은 바 되는" 사건이라고 정의한다.

그리스도께서 우리를 위에서 십자가에 죽으신 것은 우리에 대한 자기 사랑을 확증하는 사건이었다고 설명한다. 십자가는 하나님이 우리에 대한 사랑을 보여 주는 사건이고, 이것을 믿음을 통해서 우리는 하나님의 사랑이 우리 마음에 부은 바 되는 것을 경험할 수 있다. 십자가를 믿는 것은 십자가에서 보여지는 하나님의 사랑을 믿는 것이고, 이 믿음을 통해 하나님의 사랑이 우리 마음에 부은 바 될 것이고, 그 사랑을 통해서 우리는 영혼의 구원, 우리 안에 내재되어 있던 우리의 본모습이 회복되는 것을 경험하게 될 것이다.

이것이 바울이 이야기하는 십자가이고, 복음이고, 구원이다. 십자가에 담긴 하나님의 사랑을 우리 마음에 경험하면서 영혼의 회복을 경험하는 것이다.

의로 말미암아 살다(롬 8:5-10, 26)

하나님께서는 원래 우리를 아름답게 창조하셨다. 우리가 죄에 빠지면 이런 아름다운 모습을 잃어버리고 내가 아닌 모습을 자신인 것처럼 착각하면서 살게 된다. 하지만 이때도 하나님은 여전히 우리의 아름다움을 보신다. 우리가 회복되길 바라시며, 우리의 회복을 위해서 할 수 있는 모든 것을 하신다. 우리의 회복을 위해 가장 필요한 것은 하나님의 사랑이 우리 마음에 부은바 되는 것이다. 우리는 사랑을 받을 때, 우리의 아름다운 본모습을 회복할 수 있다. 그래서 하나님은 그 사랑을 우리에게 보이신다. 하나님은 이미 우리를 그렇게 사랑하고 계시기 때문에 그 사랑을 우리에게 표현하시는 것이다. 그것이 '십자가'다. 하나님은 십자가를 통해 우리를 향한 사랑을 표현하신다. 이것을 믿는 사람은 그분의 사랑을 경험하게 되고 진정한 회복을 경험할 수 있다.

이제 우리는 하나님과 교제하는 삶을 살아가게 된다. 사랑은 단회적인 사건이 아니라 지속적인 교제다. 사랑의 교제는 각자의 입장에서 지속적인 커뮤니케이션을 이어가며 교집합을 늘려가는 것이 아니다. 사랑의 교제는 반복적으로 사랑을 느끼며 그 사랑이 커지는 것을 경험한다. 서로가 서로의 아름다움을 발견하고, 서로를 원하고 위하는 가운데 서로의 안에서 발견되는 것이다. 하나님이 내 안에, 내가 하나님 안에 있어서 하나님과 우리로 살아가는 것이 교제다. 이런 교제 안에 살게 되면, 이전에 상상할 수 없었던 따뜻하고, 바르고, 열정적이고 아름다운 모습을 나타난다. 노력을 통해, 연습을 통한 것이 아니라 자연스럽게 그런 모습이 나온다.

우리 안에 하나님의 영이 거하신다. 그래서 자연스럽게 내가 영의 생각을 갖게 된다. 하나님의 사랑은 진정한 나의 모습을 회복시켜 주고, 하나님과 한마음이 될 때 과거에 알던 먼지 쌓인 모습은 사라지고, 본래의 아름다운 모습이 나타난다. 이는 곧, 몸은 죄로 말미암아 죽고, 영은 의로 말미암아 산다는 로마서 8장 말씀의 뜻이다.

복음, 하나님 사랑 이야기

바울이 전해 주는 복음은 곧, '사랑' 이야기다. 로마서에서 사랑은 매우 중요한 핵심이다.

로마서 3장에서는 하나님 사랑이 표현된다. 의롭다하심은 우리를 여전히 아름답게 보시는 것이고, 우리와 화목되고자 하시는 것은 우리를 원하시는 것이고, 우리를 속량하시는 것은 우리를 위하시는 것이다.

사랑에도 크기가 있다. 상대의 아름다움을 보고 원하고 위하는 마음이 있어도 그 마음의 크기가 10일수도 있고, 100일 수도 있다. 아름다움을 보는 사랑이라고 하더라도 지나가는 사람의 아름다움을 보는 설레임의 사랑과 자녀의 아름다움을 보는 헌신의 사랑은 그 크기가 다르다. 5장은 하나님 사랑의 크기를 보여 준다. 생명을 줄 수 있는 100의 사랑으로 우리를 사랑하심을 보여 준다.

사랑은 함께하는 것이다. 단지 시공간을 함께하는 것이 아니다. 서로가 서로의 마음에 담겨 마음으로 항상 연결되어 있는 것이다. 8장은 이렇게 함께하는 사랑을 보여 준다. 하나님의 영이 우리 마음에 있다. 내가 하나님을 항상 마음에 담고 있다. 하나님이 내 안에 내가 하나님 안에 있는 것이다.

바울은 로마서에서 이 사랑에 대해서, 이 사랑이 우리를 어떻게 변화시키는지에 대해서 설명한다. 우리를 의롭다하시는 성부 하나님의 사랑, 우리를 위해 생명을 주시는 성자 예수님의 사랑, 우리와 항상 함께하시는 성령님의 사랑을 이야기한다. 그리고 이 사랑이 우리의 아름다운 본모습, 우리의 영혼을 회복해, 우리를 죄에서 구원함을 이야기한다.

7
왜 이웃을
사랑해야 하는가 (신명기)

부르심의 소명에 동참하다(신 6:4-5)

잠들어 있던 진정한 모습이 회복되면, 두 가지 커다란 변화가 나타난다. 하나는 하나님을 사랑하게 되고, 다른 하나는 이웃을 사랑하게 되는 것이다.

하나님이 내 안에 아름다운 모습을 보시고 나를 기뻐하시며 나를 사랑하신다. 그러면 내 안에 잠들어 있던 아름다운 모습이 깨어난다. 나는 그런 나를 사랑하게 된다. 이제 나는 다른 사람을 바라볼 때도 그 사람의 겉모습이 아니라 그 사람 안에 담겨 있는 아름다운 모습을 볼 수 있게 된다. 하나님이 나를 바라보시던 시선으로 다른 사람을 바라보게 되는 것이다. 그래서 그의 아름다움을 발견하고, 기뻐하고, 원하고, 위하면서 사랑하게 되는 것이다. 무엇보다 하나님의 사랑으로 회복된 사람은 하나님의 아름다움을 바라볼 눈을 갖게 된다. 하나님이 얼마나 아름다운 분이신지 발견하고, 하나님을 기뻐하고, 원하고, 위하게 된다. 하나님을 사랑하고 이웃을 사랑하게 된다. 이것이 영혼이 회복된 사람이 갖는 자연스러운 변화다.

이것은 전반적인 삶의 태도를 바꾼다. 사람을 사랑하는 것은 사람과 세상을 대하는 마음과 태도를 변화시킨다. 이 사람은 이기적으로 자기 욕망을 따라 살던 삶을 멈추게 된다. 우리가 함께 잘 살 수 있는 것을 생각하고 함께 살아가려고 한다. 어려운 사람을 돕고, 문제가 있는 사람 안에 가능성을 발견하며, 각각의 과정 중에 있는 사람을 존중한다. 기본적으로 모든 사람에게 호의를 갖고, 사람을 좋아하며, 그들과 함께 살아가는 것을 즐거워한다.

하나님을 사랑하는 것은 삶의 목적과 태도에 큰 변화를

준다. 이 사람은 하나님을 신뢰하기에 하나님께 귀 기울이며 배운다. 하나님을 사랑하기에 하나님을 기쁘시게 해 드리고자 한다. 하나님께서 제시하는 소망에 공감해서 부르심의 사명에 동참한다. 하나님의 믿음과 사랑과 소망이 이 사람의 삶에 큰 중심이 된다.

구원받은 사람은 하나님을 사랑하고, 이웃을 사랑하게 된다. 그 사랑이 삶의 태도와 방향을 새롭게 만든다. 이것은 우리가 노력해서 지키는 규칙이 아니다. 사랑은 노력으로 되는 것도 아니고, 규칙으로 만들 수 있는 것이 아니다. 하나님의 사랑 안에 있을 때 자연스럽게 이루어지는 것이다.

탐심으로 마음을 채운 사람(신 5:17-21)

하나님의 사랑을 알기 전의 사람은 '상실한 마음'의 상태다. 마음이 비어 있는 사람은 '탐심'과 '우상숭배'의 마음을 갖게 된다.

탐심은 내 마음이 비어 있어서 무엇인가로 채우려고 하는 것이다. 탐심의 사람은 자신을 모자란 사람으로 생각하기에 비어 있는 마음을, 모자란 마음을 무엇인가로 채우고 싶다. 그때 주변 사람이 보인다. 그 사람은 갖고 있는데 내가 갖지 못한 것이 보인다. 그것을 갖게 되면 내 빈 마음이 채워질 것만 같다. 내가 갖지 못한 그들의 가족, 사업, 관계, 자산이 갖고 싶다. 그것이 내 상실한 마음을 채워 줄 것만 같다. 그래서 그것을 갖기 위해 노력하거나, 그것을 갖지 못했음에 절망한다.

이 사람은 어느 지점에 이르면 다른 사람을 이용하고 공격하는 것에 대해서 죄책감을 갖지 않는다. 스스로 모자란 사람이기 때문에 모자라지 않은 사람의 것을 가져오는 일이 잘못된 것이 아니고, 모자란 사람끼리 먼저 가지려는 경쟁에서 이기는 것이 잘못된 것이 아니며, 힘이 약하거나 어리석어서 자신의 것을 빼앗기는 일을 무능함이라고 생각한다. 그래서 폭력으로 사람에게 위해를 가하는 살해, 욕망의 수단으로 사람을 이용하는 간음, 상대의 것을 내 것으로 만드는 도둑질, 이 모든 것을 정당화하는 거짓말을 한다.

그래서 탐심의 사람들끼리 함께하는 곳은 지옥이다. 모두가 자신이 모자라다고 느끼고, 상대의 것을 빼앗아서 나를 채우려고 하고, 그 과정에서 수단과 방법을 가리지 않아서, 만인에 의한 만인의 투쟁 상태가 된다.

마음의 빈자리를 우상으로 채운 사람(신 5:8-9, 11)

우상숭배 역시 상실한 마음을 무엇인가로 채우려는 행위다. 우상숭배의 사람은 자신이 답을 찾은 사람이라고 생각한다. 자신의 결정에 의해 삶에서 추구하는 것이 존재한다. 그것의 옳음을 확신하고, 하나님께도 이 결정을 지지하고 도와주셔야 한다고 주장한다.

우상숭배는 우선순위의 문제다. 우상숭배를 절대적인 악의 문제라고 생각하는 것은 오해다. 타인을 괴롭히고 세상을 망치는 것이 인생의 답이라고 생각하는 사람은 찾아보기 힘들다. 다시 강조하지만, 우상숭배는 분명 우선순위의 문제. 좋은 것이지만 덜 중요한 것을 더 중요한 자리에 두는 것이 우상숭배다. 이것이 더 중요한 것을 배재하고, 더 중요한 것을 대하는 방식에 문제를 만들기 때문이다.

예를 들어보자. 자녀의 학업은 중요하다. 하지만 자녀의 내면보다 중요하진 않다. 그런데 부모는 자녀의 내면을 생각하지 않고 학업만 생각한다. 그래서 때때로 자녀가 공부 잘하는 나쁜 사람, 공부 잘하는 우울한 사람, 혹은 공부도 못하고, 정서적으로 결핍되고, 부모와의 관계도 망가진 사람이 되게 한다. 이것이 우상숭배의 패턴이고, 우상숭배가 만들어 내는 문제다. 자신의 생각에 가장 중요하다고 여기는 것을 향해 매진하면서 살아가는데, 하나님의 입장에서 보면 답이 아닌 것을 답이라고 착각하고 인생을 낭비하고 있는 것이다.

우상숭배의 사람은 하나님을 바라보는 태도에도 문제가 있다. 하나님을 목적이 아닌 수단으로 삼는다. 하나님이 나를 사랑하시면, 그 사랑이 내 존재와 삶에 대답이 된다. 하지만 이 사람은 하나님이 나를 사랑하시면, 나를 위해서 내가 원하는 것을 주셔야 한다고 생각한다. 하나님을 자신이 원하는 것을 얻어 내는 대상으로 생각하고 접근한다. 하나님을 잘못된 태도로 대하는 것, 하나님의 이름을 망령되게 일컫는 것이다.

우상숭배의 사람은 나의 빈 마음을 채우기 위해서 무엇이 필요할까를 고민하고, 나름대로의 답을 찾은 사람이다. 그는 자신을 위해서 우상을 만들고, 하나님도 여기에 협조해 주셔야 한다고 주장한다.

돌봄의 은혜를 받은 사람(신 5:16)

하나님의 사랑은 상실한 우리의 마음을 채운다. 우리는 하나님 사랑으로 인해 자연스럽게 탐심과 우상숭배의 반대

방향으로 움직인다. 십계명에서는 이것이 부모 공경으로
표현된다.

부모를 공경하는 것은 내가 넘치게 받은 존재라는 것을
기억하는 일이다. 인간은 완전히 무기력한 존재로 태어나
오랜 시간을 그 상태에 머문다. 내가 지금 건강한 성인이 되
었다는 것은 누군가 나를 사랑으로 아끼고 보살펴 주었기
때문이다. 주로 부모가 나를 그렇게 아끼고 돌봐 주었다. 부
모, 부모와 같은 분들, 공동체, 하나님이 나를 그렇게 돌봐
주셨다. 그래서 지금의 내가 있는 것이다. 만약 지금 내가
좋은 사람으로 성장해 있다면, 내가 넘치게 받은 사람이라
는 것의 증거가 된다.

십계명은 자신이 모자란 사람이 아닌 넘치게 받은 사
람이라는 것을 기억하라고 이야기해 준다. 이것을 기억하
면 다른 사람을 대하는 태도가 달라진다. 그들로부터 내 결
핍을 채우려는 것이 아니라 그들에게 내가 넘치게 받은 것
을 나누게 된다. 사람에게 폭력을 가하기보다 돌봄을 베풀
고, 수단으로 대하기보다 목적으로 대하며, 빼앗기보다 지
켜 주고, 거짓으로 대하기보다 진실로 대하게 된다.

하나님의 사랑을 받은 사람은 자신이 넘치게 받은 존재
임을 알고 있다. 자신이 부족한 존재라고 생각하지 않는다.

그렇기 때문에 갖고 있는 것을 나누려고 한다.

창조를 향한 믿음의 고백

하나님의 사랑은 상실한 우리의 마음을 채운다. 우리는 자연스럽게 탐심과 우상숭배의 반대 방향으로 움직인다. 십계명에서는 이것이 안식일을 지키는 것으로 표현된다. 안식일을 지키는 일은 창조를 믿는다는 믿음의 고백이다. 창조를 믿는 것은 하나님의 아름다움을 믿는 것이다. 하나님이 세상을 아름답게 창조하셨다는 것을 믿는 것이다. 하나님이 나를 아름답게 창조하셨다는 것을 믿는 일이다.

하나님이 세상을 만들기는 하셨는데, 엉망으로 만드셨다고 믿는 것은 창조를 믿는 것이 아니다. 하나님이 나를 창조하셨는데 왜 이렇게 만드신지 모르겠다고 하는 것은 창조를 믿는 것이 아니다. 하나님이 세상을 만드신 능력은 인정하지만 선하심과 사랑하심, 아름다움은 모르겠다고 하는 것은 창조를 믿는 것이 아니다.

창조를 믿는 것은 아름다우신 하나님이, 나와 세상을 아름답게 만드셨다는 것을 믿는 일이다. 선하고 인자하신 하나님이, 세상은 선하고 사랑이 넘치는 곳으로 지으셨다는 것을 믿는 일이다.

창조를 믿는 사람이 세상을 보는 시선과 삶을 대하는 태도는 우상숭배의 사람과 완전히 다르다. 우상숭배의 사람은 결핍을 채우기 위해서 삶을 살아간다. 이 사람에게 세상은 그것에 도움이 되는 부분, 방해가 되는 부분, 도움도 방해도 안 되는 부분으로 나눠진다. 창조의 사람에게 세상은 하나님께서 만드신 아름답고 사랑스러운 곳이다. 이 사람에게 삶이란 그 아름다움을 누리고 사랑하는 일이다. 우상숭배의 사람은 자기중심에서 세상을 바라보지만, 창조의 사람은 하나님을 중심에 두고 사랑으로 세상을 바라본다.

우리는 하나님께서 만드신 아름다운 본모습을 회복할 때, 창조의 사람이 될 수 있다. 내가 하나님의 사랑으로 영혼의 구원을 받으면, 그 시선으로 다른 사람과 세상을 보게 되고, 하나님의 아름다움을 발견하게 된다.

율법에 대한 오해

율법에 대해서 오랫동안 반복된 오해가 있다. 율법을 구원의 결과로 이해하고, 구원의 과정에서 율법을 추구하지 않는 것이다. 율법을 우리가 지켜야 하는 삶의 규칙으로 이해하고 율법을 지킴으로 성장을 이루려고 한다. 율법은 구원으로 인한 결과인데, 도리어 구원의 출발점으로 삼는다. 하나님의 사랑으로 영혼이 회복되었을 때, 다른 사람과 하나님을 사랑하게 되는 것인데, 하나님을 사랑하고 이웃을 사랑하는 규칙을 실천함으로 내세의 천국과 현세의 축복이라는 결과를 쟁취하려고 든다.

이런 오해에 빠진 사람은 사랑이라는 단어를 해체하고 대체한다. 사랑은 내가 결심하고 실천할 수 있는 성질의 것이 아니라고 말하며, 다른 대체물을 찾는다. 하나님 사랑을 종교적 의무를 성실히 지킴으로 대체한다. 이웃 사랑을 구제와 봉사, 용서로 대체한다. 내가 힘들더라도 종교적 의무를 성실히 지키고, 구제, 봉사, 용서를 실천하면 하나님께서 복을 주실 것이라는 논리를 갖는다.

이런 사람들에게는 실재가 없다. 종교 활동에는 열심을 내지만 하나님을 사랑하는 마음이 없다. 구제와 봉사를 실천하지만 인간관계에서는 자기 마음에 들고 도움이 되는 사람들과만 잘 지내고, 그렇지 않은 사람과는 잘 지내지 않는다. 하나님의 아름다움을 보고 기뻐하며 예배하지 않고, 상대 안에 담긴 아름다움을 보고 사랑하며 교제하지 않는다.

예수님은 이 부분을 지적하신다. 이것을 명확하게 지적

하시는 것이 이웃 사랑과 원수 사랑이다. 이웃 사랑의 원래 의미 역시, 타인 안에 내재된 하나님의 아름다움을 발견하고 사랑하는 것이다. 하나님은 그런 의미에서 네 주변에 있는 모든 사람, 네 이웃을 사랑하라고 말씀하셨다. 그런데 바리새인들은 서로의 겉모습을 보고 마음에 드는 사람들끼리 잘 지내는 것을 이웃사랑이라고 정의했다. 옆에 있는 사람이면 모두 이웃인데, 자기 마음에 드는 사람만 이웃으로 규정하고 그렇지 않은 사람은 이웃이 아니라고 배제했다. 사랑을 마음에 드는 사람들끼리 잘 지내는 것으로 재해석한 것이다. 예수님은 이 부분을 지적하시면서 원수 사랑을 이야기하신다. 원수 사랑은 지금 그 사람이 나에게 어떤 사람인가가 그 사람을 사랑하는 근거가 되는 것이 아니라, 그 사람 안에 내재된 아름다운 모습이 내가 그 사람을 사랑하는 근거가 되어야 한다. 지금 나를 대하는 현상적인 그 사람의 모습은 원수라고 하더라도, 그 사람 안에 하나님께서 만드신 아름다운 모습이 보이기 때문에 자연스럽게 그 사람을 사랑하게 된다.

원수 사랑은 규칙이나 실천의 방식으로 접근할 수 없다. 이것을 규칙으로 받아들으면 지치기 때문에 불가능한 일이 되고, 사람이 할 수 없는 일이 된다. 이것을 실천하려는 억지 노력은 정서적 자해행위와 같다.

원수 사랑은 은혜의 방식으로만 구현될 수 있다. 내가 하나님 사랑 안에 있기 때문에 원수의 공격에 별다른 내적 타격이 없고, 원수의 겉모습 속에 숨겨진 아름다운 모습을 보기 때문에 상대를 사랑하는 마음이 생기고, 그러다 보니 잘못된 겉모습을 갖게 된 맥락과 입장도 보여서 상대를 헤아리게 된다. 이런 마음에 가장 큰 수혜자는 타인이 아닌 자신이다. 누군가의 공격에 영향을 받지 않는 단단한 내면을 갖고 있고, 주변에 모든 사람에 대해서 사랑하는 마음을 가진 사람은 평화롭고 행복한 삶을 영위할 수 있다. 그래서 규칙의 방식으로 율법을 바라보는 사람에게 원수 사랑은 과도한 요구처럼 들리고, 은혜의 방식으로 율법을 바라보는 사람에게 원수 사랑은 기대되는 선물로 느껴진다.

우리는 예수님이 제시하시는 원수 사랑을 통해서 율법이 규칙이 아니라 은혜의 결과라는 것을 깨닫게 된다. 이것을 통해서 바른 시선으로 율법을 바라볼 수 있게 된다. 그러면 율법이 사랑에 대해서 이야기하고 있다는 것을 알게 된다. 하나님 사랑으로 영혼을 회복한 사람들이 하나님과 사람, 세상을 사랑하게 된다는 이야기가 율법임을 이해하게 된다.

8
복음을 이해하는
열쇠

기독교는 복음의 종교이다. 하나님으로부터 들려온 좋은 소식을 믿고 반응하는 것이 기독교다. 복음은 예수 그리스도의 십자가로부터 우리에게 전달되는 메시지다. 곧 십자가가 우리의 복음이다. 복음은 총체적인 대답이다. 같은 복음을 믿고 받아들여도 사람마다 저마다의 강조점이 다를 수 있다. 같이 여행을 다녀온 사람들이 모두 동일한 여행의 기억을 갖고 있지만 자신에게 가장 인상 깊었던 장면은 각자 다를 수 있는 것과 마찬가지다. 복음이라는 좋은 소식을 들었을 때, 어떤 부분을 더 좋은 소식으로 들었을지는 각기 다르다. 그래서 어디에 강조점을 두고 있는지, 나에게 들려진 좋은 소식은 무엇인지 돌아볼 필요가 있다.

복음과 자유

어떤 사람에게 복음은 법적인 자유의 획득이다. 나는 여전히 문제가 많은 사람이다. 앞으로도 내가 크게 변화되지 않을 것 같다. 그러다 보니 여러 가지 문제를 일으킨다. 그런데 하나님은 그런 나의 연약함을 아시고, 나를 용서하시기로 결정하셨다. 이미 범한 잘못 뿐만 아니라 앞으로 범할 잘못까지도 모두 용서하셔서 어떤 법적 책임도 묻지 않기로 하셨다. 내 잘못으로 인해, 천국에 들어가지 못하는 일은 없을 것이고, 내 인생에 결정적인 문제가 생기는 일도 없을 것이다. 내가 잘못하더라도 하나님이 내 삶에 개입하셔서 문제를 수습해 주실 것이고, 죽음 이후에는 천국으로 인도해 주실 것이다. 예수님께서 나의 죄를 위해 십자가에 달리셔서 나의 죄에 대한 책임을 이미 다 져 주셨다. 십자가의 은혜로 나는 죄의 책임에서 자유하다. 이렇게 문제 많은 나에게, 이런 용서의 은혜를 베풀어 주셔서 너무나 감사하다.

내게 법적 자유를 주셨다고 해서 함부로 살아도 되는 것은 아니다. 이런 용서에 감사한 사람은 그렇게 살아갈 수 없다. 하나님께서 먼저 용서해 주셨으니 내가 할 수 있는 한 잘해 보려고 할 것이다. 처벌받을 두려움에 하는 행동이 아니라, 처벌에서 벗어난 자유자이지만 그럼에도 불구하고 하나님께 감사하는 마음으로 작은 보답이라도 드리고자 하는 마음이다.

천국 소망

어떤 사람은 내세에 대한 소망에 강조점을 둔다. 우리는 모두 죄인이어서 지옥으로 달려가고 있었다. 그런데 예수 그리스도께서 십자가의 은혜로 나를 구원하셨다. 우리가 이것을 믿을 때, 지옥에서 천국으로 옮겨지는 은혜를 누릴 수 있다. 이것이 우리에게 들려진 복음이다.

내가 이 땅에서 선하게 산다고 해서 천국에 갈 수 없다. 그것은 인간 사이에 유익을 주고받는 것일 뿐 하나님과 상관없기 때문이다. 천국에 들어가려면 하나님을 믿고, 구원과 천국을 믿어야 한다. 하나님께서는 이런 믿음의 사람을 의인으로 여기시고 천국으로 인도하신다. 이것이 믿음의 의다. 그러니 이 땅에서 선하게 사는 것으로 자신이 의인이라는 착각에서 벗어나야 한다. 하나님의 높은 기준 앞에서 우리는 모두 죄인이다. 예수님께서 십자가로 우리를 구원하셔서 천국으로 우리를 인도하신다는 사실을 믿을 때, 우리는 믿음의 의를 갖게 되고 그 믿음의 의로 천국에 가게 된다.

천국은 이 땅과는 비교할 수 없이 아름답고 행복한 곳이다. 이곳에서의 삶은 잠깐이고 그곳에서의 삶은 영원하다. 그러니 이 땅에서의 성공과 행복에 집착하기보다 영원한 천국을 향해 시선을 두는 것이 좋다. 천국을 향해 시선을 두면 오늘의 기준이 달라진다. 천국에 들어가 하나님 앞에 섰을 때, 부끄럽지 않은 삶을 살고 싶은 것이 기준이 된다. 물론, 그리스도의 구속 은혜로 구원은 확정되었지만, 부끄러운 구원을 받는 것보다, 하나님 앞에 칭찬받는 종이 되기 위해서 하나님께서 기뻐하실 만한 삶을 살려고 하는 것이 내 마음의 중심이다.

구속사의 은혜

어떤 사람에게 복음은 진리의 세계관을 얻는 것, 구속사 속에서 나를 발견하는 일이다. 세계관은 내가 살고 있는 세계가 어떤 세계인지 이해하고, 그를 통해서 자신을 이해하며 삶의 방향을 결정하는 것이다. 좀 더 단순하게 표현하면 어떤 이야기 속에서 나를 발견하는 것이 세계관이다.

어떤 사람은 진화의 이야기 속에서 자신을 발견한다. 이 사람은 인간을 특별한 존재라고 생각하지 않는다. 진화한 동물이며 DNA의 그릇이라고 생각한다. 그래서 욕망과 기질에 충실하게 살아가는 것이 잘 사는 삶이라고 생각하다.

어떤 사람은 민주주의와 자본주의 속에서 자신을 발견한다. 그래서 민주주의를 지켜나가는 것이 의로움이고, 자본주의 사회에서 부자가 되는 것이 잘 사는 삶이라고 생각한다.

어떤 사람은 철학 속에서 자신을 발견한다. 그래서 다원주의적으로 사는 것이 잘 사는 삶이라고 생각한다. 자신만의 신념을 갖고 있고 다른 모든 생각과 문화를 존중해야 한다고 믿으며, 그렇지 않은 사람들을 계몽시켜야 한다고 생각한다.

요즘 이 시대를 사는 사람들에게 전해지는 이야기는 이 3가지다. 그래서 다들 이 이야기 속에서 자신을 정의하고 거기에 맞춰 삶을 살아간다. 욕망과 기질에 따라 사는 것, 민주주의와 자본주의를 지지하는 것, 경제적으로 성공하는 것, 자기만의 신념을 가지고 틀린 것이 아니라 다른 것이니 모든 다름을 존중하는 것, 이렇게 사는 것이 맞고, 잘 사는 삶이라고 여긴다.

복음은 이런 이야기에서 벗어난다. 복음은 구속사 속에서 나를 발견하는 일이다. 하나님께서는 세상을 아름답게 창조하셨다. 사람이 범죄해 하나님을 떠났다. 하나님께서는 이런 사람들을 포기하지 않으시고 죄에서 구원하시기 위해서 계획을 세우시고 실행하신다. 하나님은 구원받는 자들과 하나님의 나라를 세우실 것이고, 영원한 천국으로 이 땅에 임하게 하실 것이다. 이것이 구속사, 구원의 역사다.

인류의 역사와 지금의 세계를 구속사로 이해해야 한다. 복음은 이 구속사 속에서 나를 발견하는 일이다. 이전에 나는 진화를 믿고 욕망과 기질에 따라 살았다. 질서를 지키는 것을 선이라고 생각하고 부자가 되는 것을 잘사는 것이라고 생각하며 살았다. 남들과 달라야 하고 개성이 있어야 하고 나만의 주관을 가져야 한다고 생각했고, 다른 사람의 생각과 삶도 주관과 개성으로 인정하고 존중하는 것이 세련됐다고 생각하고 살았다. 하지만 구속사를 깨닫고는 세상과 나, 삶을 보는 시각이 완전히 달라졌다. 구원받은 자로서 하나님 나라를 이 땅에 임하게 하는데 헌신하는 것이 삶의 목표가 되었다.

우상숭배와 회개

어떤 사람은 죄에 대한 문제의식에 강조점을 둔다. 복음은 하나님이 우리를 죄에서 구원하시는 것이다. 죄에서 구원받기 위해서는 죄를 죄로 깨달아야 한다. 죄를 죄로 알고 자백하며 회개하는 것을 통해서 우리는 구원에 이른다. 그러니 무엇이 죄인지 아는 것이 중요하다.

많은 사람이 하나님이 말씀하시는 죄의 의미를 알지 못하고 법과 도덕을 지키지 않는 것을 죄라고 생각한다. 그래서 죄인이라고 하면 그것을 받아들이지 못한다. 하나님이 말씀하시는 죄는 그런 것이 아니다.

선악과를 먹은 것이 죄의 시작이다. 선과 악은 정보가 아니라 기준이다. 선악과는 하나님이 진리의 기준이시라는 고백이다. 선악과를 먹은 것은 스스로가 진리의 기준이 되겠다는 선언이다. 이것이 죄다. 자신을 세상의 기준과 중심으로 삼는 이기와 자만이 죄다.

죄인들은 우상을 숭배한다. 우상숭배는 단지 타종교에 가입하는 것이 아니다. 하나님이 아닌 무엇인가를 자신의 삶의 기준으로 세우는 것이 우상이다. 그것이 하나님의 자리를 대신하려고 하면 우상이 된다. 그것이 옳고 그름, 좋고 나쁨의 기준이 되고, 내가 추구하는 바가 되기 때문에 나에게 우상이 되는 것이다. 돈, 성공, 명예, 행복, 안정, 자녀, 교육, 취미, 자기 증명 욕구, 자기 연민, 집착 등 무엇이든지 하나님보다 우선시되는 것은 모두 다 우상이 된다.

이렇게 내가 선악의 기준이 되어서, 무엇이 좋고 맞는지 스스로 결정하고, 그것을 추구하면서 사는 것이 죄다. 죄를 깨닫고 회개해야 한다. 하나님께서 하나님의 자리에 앉으시고, 내가 겸손히 순종하고 섬기며 살아가는 사람이 되려고 해야 한다. 이렇게 죄를 깨닫는 것이 구원이다. 그것이 나를 멸망의 삶에서 건져 주기 때문이다.

부르심의 소명

어떤 사람에게 복음은 부르심, 곧 사명이다. 이전에는 목적도 의미도 없는 삶을 살았다. 그런데 하나님께서 하나님 나라의 소망을 보여 주시고, 그 나라가 이 땅에 임하기 위해서 내가 감당해야 하는 역할을 알려 주셨다.

이제 나는 목적도 의미도 없는 삶을 사는 사람이 아니라, 위대한 사명을 감당해야 하는 부르심의 소명을 받은 사람임을 알게 되었다. 내가 가치 있는 존재이고, 내 삶이 중요하다는 것을 깨달았다. 그것으로 자부심과 열정을 회복하게 되었다. 복음의 메시지 중에서 사명이 나에게 곧 복음이다. 나에게 들려진 아름다운 소식이다.

인도와 보호하심

어떤 사람은 하나님의 환경적인 돌보심이 복음이다. 혼자 망망대해에 던져진 것만 같았다. 그런데 하나님께서 나를 인도하시고 보호하신다는 것을 알게 되었다.

더 이상 혼자 외롭고 힘들게 이 무거운 삶을 견뎌 내는 것이 아니라 나와 함께하시며 나를 도와주는 분이 있다는 것이 복음이다.

복음을 바로 알다

모두가 복음을 알고 있다. 그래도 조금씩 차이가 있을 수 있다. 자신의 문제를 깨달은 것이 가장 기쁜 사람이 있고, 부르심을 통해 소속감과 목적 의식을 갖게 된 것이 가장 기쁜 사람도 있다. 자초지종을 제대로 이해해서 내가 어떤 자리에 서 있어야 하는지가 명확해진 것이 기쁜 사람도 있고, 천국에 가고, 결국 잘될 것이라는 사실이 기쁜 사람도 있다.

이것은 사람의 차이기도 하고 시기의 차이기도 하다. 만약 우리가 죽음 앞에 서 있다면 천국의 소망이 복음에서 가장 중요한 부분이 될 것이고, 문제가 무엇인지 모르고 헤매고 있었다면 죄를 깨닫는 것이 가장 큰 은혜로 다가올 것이다. 어떻게 살아가야 할지 모를 때 소명이 가장 기쁜 소식으로 들릴 것이고, 환경이 어려울 때는 돌보심의 은혜가 제일 소중할 것이다.

이것은 지극히 자연스러운 일이다. 복음을 더 깊이 알아가는 과정에서 어떤 지점에서 먼저 시작하게 되는 것은 좋은 일이다. 또 시기에 따라 복음의 어떤 부분이 더 깊이 다가 오는 것도 좋은 현상이다.

하지만 때에 따라 강조점이 달라지는 것이 아니라, 어

떤 부분에 묶여서 복음을 그 관점에서만 바라볼 때, 문제가 생긴다. 복음을 풍성하게 해석하지 못하고 제한적으로 해석하게 되기 때문이다.

복음을 법적 자유로만 생각하면 복음을 면책특권으로 생각한다. 내가 잘못을 해도 처벌을 받지 않기 때문에 걱정 없이 잘못을 해도 되는 권리로 여긴다. 이런 권리가 있다고 생각해서 함부로 행동하면서도 그것이 문제라고 생각하지 않게 된다. 권력자의 망나니 자녀 같은 모습이 되기도 한다.

내세의 소망만 바라보면, 현세를 외면하고 살아가게 되기도 한다. 오늘 내가 살아가야 하는 삶에 집중하지 않고, 빨리 이 삶이 끝나고 죽음이 찾아와서 좋은 곳에서 살고 싶다는 생각에 빠진다. 그때 수동적이고 무기력한 모습을 강화한다.

세계관을 받아들이는 것이 복음이라고 생각하면, 기독교를 신앙이 아니라 가치관의 방식으로 소화한다. 살아 계신 하나님과 교제하는 것이 아니라 바른 가치관을 실천하면서 사는 것이다. 내면의 변화 없이 지성과 결단으로 행동하는 것이기 때문에 율법주의화된다.

죄에 대한 깨달음에 머물러 있으면 불교를 닮아 간다. 내 안에 욕망, 자만, 집착이 문제라고 생각하고 그것을 자신이 덜어 내려고만 한다. 하나님 사랑으로 자연스럽게 되는 것이 아니라, 그것이 문제임을 깊이 깨달음으로 거기에서 벗어나려고 한다.

복음을 사명으로만 해석하는 사람은 사회적 자아만 발달할 뿐 전인격적인 성장을 이루지 못한다. 자신의 역할과 자신을 동일시하기 때문에, 성취에 집착한다. 성취를 통해 자신을 입증하려는 현대인과 비슷한 패턴이 나타난다.

복음을 환경의 돌보심으로만 생각하는 사람은 평범한 사람들이 종교를 소비하는 방식으로 신앙생활을 한다. 평소에 잊고 있다가 어떻게 해야 할지 모르겠으면 물으러 오고, 도움이 필요하면 요청하러 온다. 점집을 찾는 사람과 비슷한 모습이 된다.

복음의 한 지점에 묶여 있으면 오해로 인한 부작용이 발생할 수 있다. 이런 문제가 생기는 경우는 복음의 핵심을 이해하지 못할 때 이런 일이 일어난다. 복음의 핵심을 이해하고 있으면 뿌리에서 줄기가 자라나고 다양한 가지로 뻗어가는 것처럼 복음을 입체적으로 이해할 수 있다. 하지만 복음의 핵심을 이해하지 못하면, 지엽적인 이해가 다른 이해로 확장되지 못하고 거기서 멈추게 된다. 그러니 복음의 핵심을 이해해야 한다. 핵심을 이해하고 전체를 해석해야 한다.

사랑으로 복음을 이해하다

그러면 복음의 핵심이 무엇인가? 사랑을 통한 영혼의 구원이다. 우리 안에 하나님이 만드신 아름다운 본모습이 있다. 하지만 우리는 죄로 말미암아 이것을 잃어 버렸다. 이기와 자만으로 인해 상실한 마음에 머물러 있다. 내 안에 먼지처럼 쌓여진 자만, 욕망, 경험의 결과물을 나 자신이라고 착각하면서 살고 있다. 여기서부터 벗어나 우리의 아름다운 본모습을 회복해야 한다.

하나님은 우리를 사랑하신다. 그래서 우리의 아름다운 본모습을 바라보시고, 그것이 우리라고 이야기해 주신다. 하나님의 큰 사랑을 우리에게 보이신다. 우리가 그것을 믿을 때, 그 사랑이 우리 안에 부은바 되고, 잠들어 있던 아름다운 본모습, 곧 영혼이 회복된다.

영혼이 회복된 사람은 새사람으로 살아간다. 자연스럽게 성숙한 모습을 갖게 된다. 사랑은 우리의 아름다운 본모습을 회복시키는데 그 모습이 선하고, 따뜻하고, 아름답다. 자연스럽게 다른 사람을 섬기고 돌본다. 타인 안에 있는 아름다움을 발견하고 사랑하기 때문에 위하게 된다. 부르심의 사명에 헌신하며 살아간다. 하나님의 아름다움을 발견해 하나님을 사랑하기 때문에 하나님을 기쁘시게 하는 삶을 살고 싶어 한다. 하나님을 원해서 하나님을 가까이하고, 하나님을 위해서 그의 나라를 위해 헌신하고, 하나님을 기쁘하기에 다른 대가를 바라지 않는다.

이것이 사랑을 통한 영혼의 구원이다. 이것이 복음의 핵심이다. 하나님이 사랑이시니 사랑으로 하나님을 아는 것이고, 하나님의 사랑 안에서 하나님을 사랑하고 세상을 사랑하며 살아가게 된다.

이 핵심이 있으면 복음의 모든 부분을 오해 없이 소화할 수 있고, 다양한 측면을 입체적으로 이해할 수 있다. 하나님이 의롭다하시는 것이 면책특권이 아니라 지금의 부족한 모습을 수용해 주시며 여전히 나를 기대해 주신다는 것임을 안다. 천국의 소망이 단지 좋은 곳에 가는 것이 아니라 하나님과 서로 온전히 사랑하며, 다른 사람과도 온전히 사랑을 나누는 사랑의 장소임을 알고 기대한다. 그리고 그 천국이 단지 기다리는 것이 아니라 오늘 여기서도 만들어갈 수 있음을 알게 된다. 구속사 속에서 나를 발견하는데, 구속사의 핵심이 사랑이라는 것을 이해한다. 자기 존재를 증명

할 기회로 부르심에 반응하는 것이 아니라, 하나님 사랑에 감사하고, 하나님을 사랑하기에 기쁘시게 해 드리고자 마음으로 부르심에 반응한다. 단지 환경적인 도움을 얻으려는 마음보다 하나님의 마음으로 힘들고 고된 세상에서 하나님과 함께 바르고 따뜻하게 살아가는 도움을 기대한다.

하나님은 사랑이시다. 하나님의 사랑이 우리 마음에 부은 바 된 것이 복음이다. 사랑으로 내 영혼이 회복되는 것이 복음이다. 이것을 믿고 경험하는 것이 복음의 핵심이다. 사랑으로 복음이 이해되어, 사랑이 우리의 추구가 되길 바란다. 많은 그리스도인이 신앙을 사랑이 아닌 다른 것으로 오해한다. 그렇지 않다.

기독교는 복음의 종교다. 그리고 기독교는 사랑의 종교다. 복음 안에 담겨진 메시지 중에 사랑의 메시지가 가장 중요하다. 사랑에서부터 복음이 이해되어야 한다. 사랑에 강조점이 있어야 한다.

"내가 사람의 방언과 천사의 말을 할지라도 사랑이 없으면 소리 나는 구리와 울리는 꽹과리가 되고 내가 예언하는 능력이 있어 모든 비밀과 모든 지식을 알고 또 산을 옮길 만한 모든 믿음이 있을지라도 사랑이 없으면 내가 아무것도 아니요 내가 내게 있는 모든 것으로 구제하고 또 내 몸을 불사르게 내줄지라도 사랑이 없으면 내게 아무 유익이 없느니라 그런즉 믿음, 소망, 사랑, 이 세 가지는 항상 있을 것인데 그 중의 제일은 사랑이라"(고전 13:1-3, 13).

PART 3

사랑에서
답을 찾다

9
다른 사람과 맺는
사랑의 관계

다른 사람과 사랑의 관계를 맺으려면 아름다움을 관계의 중심에 세워야 한다. 외모나 성취가 아니라 그 사람의 인격과 영혼을 봐야 한다. 반대로 나의 아름다움을 보는 사람이 있다. 나의 외모, 성취, 내가 줄 수 있는 이익을 보는 것보다 나라는 사람의 인격과 영혼의 아름다움을 보는 사람이 있다. 서로의 아름다움을 보는 관계가 있다. 나도 상대의 아름다움을 보고, 상대도 나의 아름다움을 보는 관계가 있다. 그래서 서로를 아끼는 관계가 있다. 이런 관계를 소중히 여겨야 한다. 내가 아름답다고 생각하는 사람, 나를 아름답게 보는 사람, 서로를 아름답게 보는 사람을 소중히 여기고, 나에게 가장 중요한 관계로 생각해야 한다.

아름다움을 관계의 중심에 세우기

다른 관계보다 이 관계가 중요하다. 어떤 사람은 자신에게 이익을 주는 관계를 더 소중하게 생각하고, 어떤 사람은 자신과 더 가까운 관계를 더 소중히 여기고, 어떤 사람은 자신을 좋아하는 사람을 더 소중하게 생각한다. 익숙함과 습관, 사회적인 이익이나 정서적인 이익에 따라 관계를 생각하는 것이다. 중심을 바꿔야 한다. 이익이나 익숙함이 관계의 중심이 되어서는 안 된다. 아름다움이 관계의 중심이 되어야 한다. 아름다운 사람, 서로를 아름답게 바라보는 관계가 가장 중요한 관계다.

누군가와 사랑의 관계를 맺기 위해 필요한 것은 '영혼의 아름다움을 볼 수 있는 눈'이다. 하나님께서 모든 사람을 아름답게 창조하셨다. 누구나 아름다운 영혼을 갖고 있지만 누구나 아름다운 인격을 갖고 있진 않다. 영혼이 그 사람 안에 내재되어 있는 본연의 모습이라면 인격은 지금 형성 되어 있는 마음의 형태다. 사람들은 자신의 영혼에 미치지 못하는 인격을 갖고 있다. 내재되어 있는 영혼이 충분히 깨 어나지 못하고, 그 빈자리를 성장 과정이나 환경, 육체의 기 질이나 욕망으로 형성된 모습이 메꾸고 있기 때문이다. 어 떤 사람은 영혼이 완전히 잠들어 있는 상태에서 자신이 아 닌, 형성된 모습을 현재의 인격으로 갖고 있다.

영혼의 아름다운 조각을 보는 눈

내가 충분히 아름다운 인격을 갖고 있지 못하는데, 어 떤 사람은 내 인격에 일부 담겨 있는 영혼의 조각을 보고 나 를 아름답게 본다. 그 부분이 본연의 모습이라는 것을 알아 봐 준다. 나도 누군가에게 이런 시선을 갖게 될 때가 있다. 그 사람 안에서 영혼의 조각을 본다. 그 사람의 인격 자체가 아름답지 않지만 그 영혼의 조각이 이 사람의 본모습이라 는 것이 보이고, 그래서 이 사람이 사실 아름다운 사람이라 는 것이 보인다. 상대에 대해서는 영혼의 아름다움을 보는 눈을 갖고 있는 것이다.

성숙한 사람은 많은 사람 속 영혼의 조각을 발견한다. 그래서 많은 사람을 사랑하는 인류애를 갖게 된다. 가치관에 의한 인류애가 아니라 실재 아름다움을 보고, 그 아름다움에 반응하는 인류애이기 때문에 이 사람은 한 사람, 한 사람을 사랑한다.

성숙한 사람이 아니라고 하더라도, 어떤 아름다움을 보는 눈을 가진 경우도 있다. 그러면 특정한 사람의 아름다움을 보고 그 사람들을 사랑하게 된다. 우연한 기회에 특정한 사람 안에 있는 영혼의 조각을 보는 경우도 있다. 그래서 다른 사람은 잘 모르지만 나는 그 사람의 본모습과 아름다움을 알게 되어 그 사람을 사랑하게 된다. 하지만, 이 역시 어느 정도 내면과 영혼을 볼 수 있는 눈이 있어야 가능하다.

사랑의 관계를 맺기 위해서는 영혼의 아름다움을 볼 수 있는 눈을 갖고 있어야 한다. 그 눈이 있어야 상대의 포장지가 아닌, 그 사람의 인격과 영혼을 볼 수 있다. 그것의 아름다움을 볼 때, 우리는 자연스럽게 진정한 의미의 사랑을 할 수 있다.

내 영혼의 아름다움

사랑의 관계를 맺기 위해서는 영혼의 아름다움을 볼 수 있는 눈이 있어야 한다. 그 눈으로 가장 먼저 바라봐야 하는 것은 내 영혼의 아름다움이다. 내 안에 아름다운 영혼이 내재되어 있다. 지금 내가 인식하고 있는 내 인격은 진정한 내가 아니다. 성장 과정과 환경의 영향이 먼지처럼 쌓여 있고, 영혼의 공백을 육체의 기질과 욕망에 메꿔서 그것이 마치 내 정체성인 것처럼 행세하고 있다. 내 안에 나의 영혼이 내재되어 있다. 그것이 진정한 나이고, 아름다운 모습을 하고 있다. 이런 내 모습이 봐야 한다. 내가 나의 아름다움을 보면 내가 나를 사랑하게 된다. 나를 기뻐하고, 원하고, 위하며 나와 좋은 관계를 맺게 된다.

이것이 다른 사람과 사랑의 관계를 맺는데 중요하다. 내가 나의 아름다운 모습을 알고 있을 때 다른 사람의 눈에도 내 아름다움이 잘 보이기 때문이다. 내가 나의 아름다움을 모르는 상태에서 다른 사람이 나를 그렇게 바라봐 주길 바라는 것은 덮개를 씌워 놓은 작품의 아름다움을 알아봐 주기를 바라는 것과 같이 쉽지 않다. 내가 나의 아름다움을 알고, 그 아름다운 모습을 갖고 있을 때, 다른 사람이 나의 아름다움을 알아보기 쉽고, 자연스럽게 사랑의 관계를 맺을 수 있다.

아름다움을 발견했을 때 갖게 되는 태도

아름다운 사람을 볼 때, 2가지 태도를 갖게 된다. 첫째, 환대다. 환대는 기쁜 마음으로 상대를 환영하며 호의를 베푸는 행동이다. 상대가 나타났을 때 기쁨을 표현하면서 인사하는 것, 상대에게 집중하면서 상대에게 관심을 두는 것이다. 상대가 이 만남과 자리를 편안하게 느낄 수 있고, 내기뻐하는 마음을 전달받을 수 있도록 행동하는 것이다. 음식이나 차를 준비하는 것일 수도 있고, 편안하고 즐겁게 지낼만한 환경과 스케줄을 준비하는 것일 수도 있고, 단순하게 정갈한 태도와 진정성 있는 인사를 전하는 것일 수도 있다. 환대는 내가 상대를 기뻐하는 마음과 함께하는 시간을 소중히 여긴다는 마음을 상대에게 전하는 것이다. 환대는 아름다움에 대한 자연스러운 반응이다.

둘째, 고백이다. 누군가와 사랑의 관계를 맺기 위해 내진심을 상대에게 말하는 것이 고백이다. 나에게 당신이 아름답고, 기뻐하고, 원하고, 위하는 마음을 갖고 있다고 이야기하는 것이다. 이런 내 마음을 상대에게 알려 주는 것이고, 상대가 불편하지 않다면 이 마음을 표현해도 되는지 양해를 구하는 것이고, 어느 날 상대 역시 나에게 그런 마음이 있다면 그것이 나에게 기쁨이 될 것이라고 알려 주는 것이다. 내 진심을 스스로 잘 이해하고 상대에게 전하는 것이 고백이다. 고백을 통해서 우리는 나의 사랑을 상대에게 전할 수 있고, 서로 사랑하는 마음이 있다면 서로의 마음을 확인하며 사랑의 관계를 맺을 수 있다. 마음이 고백을 통해 관계로 구현되는 것이다. 고백은 아름다움에 대한, 사랑에 대한 자연스러운 반응이다.

상대에게 내가 의미 없는 사람이거나, 서로 거리가 있는 관계라면 환대하는 것으로 충분하다. 가깝지 않지만 서로 환대하는 관계도 우리에게 선물이다. 서로 잘 알지 못하고 개인적인 관계를 맺고 있지 않지만 서로 아름답다고 생각하기 때문에 만나면 반갑고, 그 반가움을 서로 표현할 수 있는 관계는 그것만으로도 좋은 선물이다. 관계가 일방적이어서 상대에게 내가 의미 있는 사람이 아닐 때도 환대로 충분하다. 상대는 내가 항상 상대를 환영한다는 것을 알고 있고, 나는 상대를 기뻐하는 마음을 그렇게 표현하는 것으로 서로에게 기쁨을 주는 관계다.

서로에게 의미 있는 관계이고, 서로 사랑하는 진심이

있다면 고백이 서로에게 선물이 된다. 환대라는 간접적인 표현이 아니라 고백이라는 직접적인 표현을 통해서 서로가 서로의 마음을 더 알고 더 느끼게 되는 것은 서로에게 선물이고 두 사람이 사랑의 관계로 형성되게 하는 계기가 된다.

사랑하는 관계에서 환대와 고백은 이 관계를 지키고 자라게 하는 방법이다. 서로 사랑하는 사이에서 항상 서로를 환대하고 서로에 대한 사랑을 고백하는 것이 좋다. 서로 무신경하고, 함부로 대하고, 표현하지 않는 것은 사랑을 지키고 누리는데 별로 도움이 되지 않는다. 서로를 환대하고, 서로에게 고백하는 것이 사랑을 지키고 누리는데 큰 도움이 된다. 물론, 언어의 차이는 있다. 어떤 사람은 말을 사용한다. 밝고 다채로운 핑크빛 언어를 사용한다. 어떤 사람은 행동의 언어를 사용한다. 담백하고 안정적인 무채색의 언어를 사용한다. 어떤 언어를 사용하던지, 환대와 고백이 지속적으로 이루어질 때 사랑은 지켜지고 자라난다.

환대와 고백의 가치가 때로 많이 훼손되기도 한다. 상대에 대한 진심 없이 상대에게 호의를 이끌어 내어 자신의 유익을 얻기 위한 환대가 관계의 기술로 많이 활용되고 있고, 고백 역시 같은 방식으로 많이 활용되고 있다. 가짜가 섞여 있기 때문에 우리는 누군가 나를 환대하고 사랑을 고백한다고 해서 그것을 다 믿어서는 안 된다. 진심인지, 구별하는 시간을 가져야 한다. 그렇다고 해서 환대와 고백의 가치 자체를 무시해서는 안 된다. 가짜가 섞였다고 해서 진짜가 포기되어서는 안 된다. 여전히 환대와 고백으로 마음을 표현해야 하고, 그것이 서로에게 닿을 수 있도록 해야 한다. 진짜에 익숙해지면 가짜를 쉽게 구별할 수 있다. 그럴수록 더 진심이 담겨 있는 환대와 고백을 서로 나누어야 한다. 이것을 통해서 우리의 사랑이 시작되고, 지켜지고, 자라난다.

아름다움으로 맺어지는 관계

내가 다른 사람과 사랑의 관계를 맺기 위해서는 아름다움을 보는 눈이 필요하다. 그 눈을 통해서 나의 아름다움을 볼 수 있게 되고, 다른 사람 안에 아름다움을 볼 수 있게 되면 사랑할 준비가 된 것이다. 사람들이 쉽게 나의 아름다움을 발견할 수 있고, 나도 상대의 아름다운 본모습을 볼 수 있기 때문에 서로 사랑의 관계를 맺을 수 있다.

물론, 내가 이렇게 준비되었다고 하더라도 주변에 나의 진정한 아름다움을 알아볼 수 있는 사람이 없다면 사랑의 관계는 맺어지지 않는다. 그것은 내가 어떻게 할 수 있는 부분이 아니다. 거기서부터는 나에게 달려 있는 영역이 아니다. 하지만 내가 나를 사랑하고 있고, 다른 사람의 영혼의 조각을 보면서 그 사람들을 사랑하고 있다면, 서로 사랑하는 관계가 없어도 부족하지 않은 정서적 에너지를 갖게 된다. 무한대의 확장은 없더라도 이미 사랑 안에 있는 것은 확실하기 때문이다.

1개의 정답과 100개의 오답

사랑은 상대 안에 있는 아름다움을 발견하는 일이다. 사랑하는 관계가 되는 것은 서로가 상대 안에 있는 아름다움을 발견하는 것이다. 그러니 사랑의 관계를 맺으려면, 영혼의 아름다움을 바라보는 눈이 필요하다. 이 눈을 통해서, 나를 사랑하게 되고, 다른 사람 안에 아름다움을 발견하는 사람이 되어야 한다. 이 사람이 사랑의 관계를 맺어갈 수 있다. 이것이 한 가지 단순한 정답이다. 많은 사람이 이 정답을 알지 못하고 오답을 정답으로 생각한다. 사람들과 사랑의 관계를 맺기 위해서 다른 노력을 하고 있다.

겉모습

사람의 겉모습만 보면 사랑의 관계를 맺을 수 없다. 겉모습의 아름다움도 아름다움이어서 그것으로 사랑에 빠질 수 있다. 외모나 능력, 나에 대한 태도가 아름답다는 것이 상대를 사랑하는 이유가 되어서 기쁨과 원함, 위함을 느낄 수 있다. 하지만 겉모습의 아름다움은 그 사람에게 잠시 머무르는 것일 뿐, 그 사람 자체가 아니다. 그러니 겉모습으로 상대를 사랑하면, 겉모습이 바뀔 때 사랑도 같이 사라진다. 겉모습만 보는 사람은 누군가를 진정으로 사랑할 수 없다. 겉모습의 아름다움을 보다가, 그 포장지가 사라지면 사랑도 같이 사라지기 때문이다.

인격의 아름다움을 보는 사람이 누군가를 진정으로 사랑할 수 있다. 그 사람의 변하지 않는 정체성에 해당되는 부분에서 아름다움을 발견할 때, 누군가를 진정으로 사랑할 수 있다. 그러니 내가 나를 사랑할 때나 다른 사람을 사랑할 때나 그 사람이 가진 무엇이 아닌, 그 사람의 영혼, 인격의 아름다움이 사랑의 기반일 때 진정한 사랑일 수 있다. 나를 사랑할 때도, 내가 나의 외모, 능력, 위치, 소유를 기반으로 나를 사랑한 사람은 그것이 사라질 때 나에 대한 사랑도 함께 사라진다. 그것이 사라진 것보다 그것으로 내가 나를 사랑하지 않은 것이 나에게 큰 타격이 될 수 있다. 그러니 영혼을 보는 사랑이 내게 필요하다.

위함

어떤 사람은 사랑이 아름다움에 대한 것이 아니라 위함에 대한 것이라고 생각한다. 누군가를 위하는 마음이 클 때, 그것이 삶의 이유가 되고, 에너지가 될 때 우리는 그것을 사랑이라고 생각한다. 하지만 아름다움에 기반하지 않은 위함은 위험하다.

부모가 자녀를 누구보다 위한다. 그런데 자녀가 아름답다고 생각하지 않는다. 문제가 많다고 생각하고 한심하다고 생각한다. 지금의 모습이 아닌 부모가 이상적으로 생각하는 모습이 되어야 한다고 생각한다. 이것은 아이에게 심각한 정서적 타격을 준다. 자신을 위하는 사람의 평가는 권위를 가질 수밖에 없는데, 그 평가에서 자신의 존재가 부정되기 때문에 아이는 낮은 자존감을 갖게 된다. 또, 사랑받기 위해서는 자신이 아닌 누군가를 연습해서 그 모습을 연기해야 한다고 학습되기 때문에 어린시절부터 자연스럽게 가면무도회 유형의 태도를 갖게 된다. 그 자체가 자녀에게 심각한 정서적 결여를 준다.

부모와 자녀의 관계만이 아니다. 그 사람 자체가 문제가 많다고 생각하고, 완전 다른 사람이 되어야 한다고 생각하면서 상대를 위하는 것은 상대에게 도움이 아닌 피해를 준다. 한 부분에서 이런 태도를 갖는 것은 아프지만 유익한 조언이지만 그 사람 자체에 대해서 이런 태도를 갖는 것은 그 사람에게 피해를 준다. 이것은 사랑이 아니다. 이런 위함에 빠져서 내가 상대를 사랑하고 있다고 생각해서는 안 된다.

위함이 사랑이라는 오해에서 벗어나야 한다. 상대의 아름다움을 모르는 상태에서 상대를 위하는 일은 상대에게 해롭다. 본인은 그 위함으로 삶의 열정과 이유를 얻겠지만 상대는 이 위함으로 피해를 받는다. 본인은 자신이 이타적이라고 생각하지만, 이것은 이타성과 아무런 상관이 없다.

원함

어떤 사람은 사랑이 아름다움에 대한 것이 아니라 원함에 대한 것이라고 생각한다. 내가 상대를 간절히 원하면 사랑하는 것이라고 생각한다. 원함의 크기가 사랑의 크기라고 생각하기 때문에 서운함을 느낀다.

내가 단지 상대를 원하는 것은 상대로부터 얻는 것이

있어서 상대를 소유하고 소비하려고 하는 이기적인 행동이다. 사랑과 아무런 상관이 없다. 상대가 나에게 어떤 즐거움과 설렘, 안정과 기쁨을 제공하기 때문에 이런 정서적 유익을 위해서 상대를 원하는 것도 마찬가지다. 내 이익을 위해 상대를 소비하는 것이지 사랑이 아니다. 나는 상대를 그렇게 소비하다가, 상대에게서 내가 원하는 것이 더 이상 공급되지 않으면 사랑이 끝났다고 하고, 자신이 피해자라도 된 것처럼 느끼지만 그렇지 않다. 그냥 빨대를 팩에 꽂고, 마시다가 다 마시면 빈 껍데기를 버리고, 다른 가득 찬 팩을 찾는 행동을 반복하는 것이다. 사랑과 아무런 상관이 없다. 자신의 정서적 결여를 채울 충전소를 찾아다니는 것과 같다.

누군가 나를 이렇게 원한다고 해서 사랑받는 것이 아니다. 관심을 받지 못하던 사람이 누군가 나를 이렇게 간절히 원하면 내가 중요한 사람이 된 것 같은 존재감을 느끼며, 정서적 에너지가 올라가는데, 이것을 사랑 안에 있는 것처럼 착각한다. 그렇지 않다. 그렇게 소비되는 관계는 관계가 유지되는 동안도 뭔가 소금물을 마시는 것처럼 갈증을 느끼고, 어느 순간 쓰고 버려지는 지점에서 내가 의미 없는 존재가 된 것 같은 정서적 타격을 받게 된다. 부모, 회사, 연인, 친구 다양한 관계에서 이런 일이 발생할 수 있다. 나를 원하는 것이 나를 사랑하는 일이 아님을 기억해야 한다.

관계의 기술

어떤 사람은 사랑을 관계의 기술로 얻을 수 있다고 생각한다. 사랑을 얻는 방법을 내가 좋아하는 누군가가 나를 사랑하게 만드는 법으로 생각하고, 가족에게 사랑받고 싶은 사람, 연인이나 친구에게 사랑받고 싶은 사람, 사회에서 인정과 지지를 받고 싶은 사람이 그들에게 사랑을 얻어 내는 기술을 배우고 사용하려고 할 때 사랑의 관계는 더 어려워진다.

안타깝지만 그런 방법은 없다. 그런 방법이라고 하는 것은 상대가 원하는 모습이 되어 주거나, 상대의 마음에 적절한 자극을 가해서 나를 좋아하도록 만드는 것인데 이것은 내가 원하는 관계의 형태를 만드는 것일 뿐, 사랑이 아니다. 서로 사랑하는 관계에서 이런 기술은 두 사람 사이에 오해를 걷어 내는 방법이 될 수 있지만, 나를 사랑하지 않는 사람이 사랑하게 만드는 방법은 아니다.

기술을 쓰는 사람은 상대가 나를 사랑한다고 해도 믿지 않는다. 기술의 결과로 저런 마음을 갖게 된 것이고, 의도에 따라 반응하는 것일 뿐, 상대가 나를 사랑하는 것이라고 생각하지 않는다. 그래서 기술로 관계의 형태를 획득한 사람은 그 관계를 공격함으로 관계의 진정성을 확인해 보려고 하고, 그 공격으로 관계가 무너지면 역시 진정성 없는 관계였다고 생각한다. 기술로 접근함으로 인해 관계의 진정성에 접근할 기회를 스스로 망가트리는 것이다.

연기

상대가 좋아하는 모습을 연기해서 사랑을 받는 것은 안 좋은 방법이다. 사람들이 어떤 사람을 좋아하는지 고민하고 그런 모습을 연기하며 사랑받는 사람이 있다. 사회생활에서 일부 이런 방법을 사용할 수 있지만 그것이 아니라 중심의 관계에서 이런 방법을 사용하는 경우가 있다. 부모가 원하는 모습, 연인이 원하는 모습, 친구가 원하는 모습을 연기한다. 내가 실재 어떻게 느끼고 생각하는지, 내가 어떤 성향과 성격, 재능을 가지고 있는지 감추고 상대가 원하는 모습으로 상대를 대한다. 그것으로 상대의 사랑을 받는다.

다른 사람이 원하는 모습을 보여 주고 그런 내 모습을 상대가 사랑한다면 내가 사랑받는 것이 아니다. 내가 연기한 가상의 캐릭터가 사랑받는 것이다. 이것은 바닷물을 마시는 것과 같다. 겉으로는 사랑을 받는 것 같지만 사실은 그렇지 않다. 갈증이 채워지는 것이 아니라 더 큰 갈증을 느끼게 된다. 상대가 나를 사랑할수록 진짜 나는 사랑받을 만한 사람이 아닌 것처럼 느껴진다. 이것은 아무에게도 사랑받지 못하는 것보다 더 큰 거절감이 된다. 이 사람은 사랑받으면서 기뻐하지만 이면에서는 같은 크기의 우울감이 쌓인다.

필요 충족

상대에게 필요한 사람이 되려고 하는 것도 안 좋은 방법이다. 상대의 욕구와 필요를 채워 줘서 나를 원하고 필요로 하게 하는 것은 사랑받는 것이 아니다. 이는 큰 착각이다. 상대가 나에게 무엇을 원한다. 나를 원하는 것이 아니라 나에게 무엇인가를 원한다. 나를 통해 정서적 위로를 얻기를, 외로움에서 벗어나기를, 설레는 감정을 느끼길, 성적인 욕망을 채우길 원한다. 내가 이 원함을 충족시켜 주는 사람이 되면 상대는 나를 계속해서 원한다. 어떤 사람은 이것을 사랑받는 것으로 착각한다. 상대가 나를 소비하도록 제공하면서, 상대가 소비자의 만족감을 표현하며 내 옆에 머무는 것을 사랑이라고 착각하지 않아야 한다. 순간의 감각은 사랑과 비슷하다. 상대에게 나는 중요한 사람이고, 상대가 나를 원한다. 사랑과 비슷한 모습이 있다. 하지만 내가 필요해서 소중한 사람이고, 내가 상대가 원하는 무엇을 채워 주기 때문에 나를 원하는 것은 사랑이 아니다.

이 관계가 지속될수록 정서적으로 충족되지 않고, 정서적으로 지치게 된다. 내가 계속 소비되고 있기 때문이다. 내가 필요해서, 나를 통해 원하는 것을 얻기 위해서 나에게 사랑한다고 말하는 사람도 있다. 그 말을 들을 때, 잠시 충족감을 느끼기도 한다. 하지만 시간이 지날수록 사랑의 관계에서 오는 풍성함은 느껴지지 않고 점점 이 관계로 인해 피로감을 느끼게 될 것이다. 사랑받고 있는 것이 아니라 소비되고 있기 때문이다.

이런 관계에 나를 방치하지 않아야 한다. 관계의 초기에 내가 어떤 사람인지 보여 주는 과정에서, 사랑을 표현하는 방법으로 필요를 채우고, 원함을 충족시켜 줄 수 있다. 하지만 이것이 상대가 나를 대하는 중심이라면 이 관계를 사랑으로 착각하지 않아야 한다. 상대는 내가 더 이상 필요 없어지거나 나를 통해 자신의 원함을 더 이상 채울 수 없게 되면 관계를 정리할 것이다. 이것을 사랑이라고 생각했던 사람은 이 시점에서 큰 정서적 타격을 받게 된다. 다 먹고 버려진 과자봉지가 된 기분이고, 이제 더 이상 쓸모가 없는 구형 전자기기가 된 기분일 것이다. 애초에 사랑이 아닌 것을 사랑이라고 생각했기 때문에 받는 타격이다.

일방적 수용

나의 문제점을 상대가 일방적으로 수용하게 만들려는 것은 좋은 방법이 아니다. 약점과 단점까지 사랑하는 것이 사랑이라고 생각하는 사람이 있다. 그래서 나를 사랑한다면 내 약점을 수용하고, 단점을 지적하지 말라고 요청한다. 그렇게 하지 않으면 나를 진정으로 사랑하지 않는다고 생각한다. 그렇지 않다. 단점과 약점이 있지만 그것은 환경, 욕망의 과잉, 내적 미숙함에서 나오는 임시적인 모습이지 진정한 모습이 아니라는 깨달음이 사랑이다. 그 진정한 모습에서 아름다움을 보고 상대를 사랑하기에 지금의 단점과 약점을 크게 개의치 않는 것이다. 현재 단점과 약점이 이 사람을 사랑하는데 아무런 장애가 되지 않는다. 누구나 미숙의 과정이 있기 때문에 상대의 지금 모습을 존중하고, 부족한 부분이 나아지기까지 기다려 줄 수 있다. 하지만 그것이 단점과 약점임을 알고 있고, 꼭 지적을 해야 하는 때라면 지적할 수 있고, 그로 인해 사랑하는 사람에게 피해와 상처를 주면 싸우기도 하고, 사과를 요구하기도 하는 것이 사랑이다.

눈이 멀어서 단점과 약점이라는 것을 알지도 못하고, 그것에 대해서 절대 이야기하지 않고 거기에 아무런 문제가 없다는 듯이 포장하고, 그 단점과 약점으로 인해 공격당하고 상처받아도 아무 말도 못하는 것은 사랑이 아니다.

누군가 나의 단점과 약점에 대해서 이렇게 행동한다면 4가지 중에 하나다. 첫째, 설렘의 기쁨이 너무 커서 인지기능이 일시적으로 마비된 경우다. 일정 시간이 지나면 인지기능이 회복된다. 그러면 나를 여전히 사랑하면서도 나의 단점과 약점이 보이기 시작할 것이다. 이런 경우라면, 이 사람은 이것을 사랑이 식었다고 생각하고 상대에게 실망할 수 있다.

둘째, 상대가 어리석은 사람이어서 이것이 왜 단점인지 약점인지 모르는 경우다. 스스로의 문제를 인식하고 있는 이 사람보다 인지기능이 떨어진다고 볼 수 있다. 이런 경우라면 실망으로 인해 관계를 정리할 수 있다.

셋째, 관계가 깨질까 봐 감히 이야기하지 못하고, 힘든 부분이 있어도 일방적으로 참는 경우다. 나를 진정으로 사랑하는 사람이어서가 아니라 나에 대해 자신이 없어서 을의 연애를 하는 것이다. 이것을 이해하지 못하고 과도한 의미를 부여하면 나중에 이 사람이 단지 자신이 없었을 뿐, 다른 사람보다 나를 더 사랑했던 것이 아님을 깨닫고 실망하게 된다.

넷째, 문제인 것을 알지만 당사자가 이를 직면하는 것을 싫어하고, 다른 사람에게 이 부분을 감추고 싶어 한다는 것을 알고 모르는 척해 주는 경우다. 누구나 단점이 있으니 상대의 이 단점을 존중해 주고, 부족한 부분이 나아질 때까지 기다려 주는 것이 사랑이다. 이 사람은 상대의 문제를 알고 고치려고 나름 노력하는 동안에는 기다리고 존중해 준다. 하지만 문제가 아니라는 듯이 합리화하거나 이 단점으로 상대에게 피해를 주고도 미안한 줄 모를 때는 그냥 넘어가지 않는다. 그러니 모른 척해 주는 것이 사랑이라고 생각하는 사람은 이 지점에서 실망하게 될 것이다.

우리는 이런 오해들에서 벗어나야 한다. 이런 생각을 갖고 있다가는 그것이 문제인지도 모르는 미숙한 사람이나, 자신이 없어서 감히 이야기하지 못하는 을이 나를 진정으로 사랑한다고 착각하게 될 것이다. 이것은 사랑의 핵심적인 부분이 아니다. 아주 지엽적인 부분이다. 단점은 성숙을 위해 함께 나누고 다루어 가야 하는 작은 문제이지 관계에 대해 생각할 때 떠올릴 필요가 없는 부분이다.

정서적 충족

정서적 결여가 충족된다고 해서 사랑받는 것이 아니다. 내가 어떤 정서적 결여를 갖고 있으면 그것이 충족되어질 때 사랑 안에 있는 것 같은 착각이 든다. 느껴지는 감각이 비슷하기 때문이다.

상대가 어떤 사람이건 상관없이 상대가 나를 좋아하는 표현을 많이 해서, 상대가 나를 많이 사랑한다고 느껴지게 해 주면, 사랑과 같은 감각이 느껴진다. 하지만 이것이 상대가 나를 사랑하는 것이나 내가 상대를 사랑하는 것이 아니다. 그런데 어떤 사람은 이렇게 하면 내가 상대를 사랑한다고 착각한다. 상대의 표현으로 내 정서가 충족되는 기쁨, 계속 그런 표현을 받고 싶은 마음이 사랑이라고 생각한다. 그렇지 않다.

이런 착각은 위험하다. 나쁜 사람에게 쉽게 이용당할 수 있다. 나에게 얻어야 하는 것이 있는 사람들이 나에게 접근해서 듣기 좋은 말을 늘어놓으며 마음을 얻어 가고, 원하는 것을 얻어 낸 이후에 나를 외면할 수 있다. 그때 나는 심각한 타격을 받게 된다.

반대로 내가 상대를 이용하다가 안 좋은 결론에 도달할 수 있다. 상대가 잘해 주는 것이 좋아서 상대를 소비한다면,

어느 순간 상대가 나에게 전처럼 잘해 줄 수 없을 때, 실망하고 공격할 것이다. 이 관계가 사랑하는 관계가 아니라 단지 정서적 표현을 소비하는 관계였다는 것을 깨닫고 이 관계에서 물러설 것이다.

대단한 사람을 좋아하면 나도 대단한 사람처럼 느껴지면서 정서적 에너지를 얻는다. 그 사람이 나를 주목하고 나를 좋아하면 더 큰 정서적 에너지를 얻는다. 유명인의 팬이 되는 것으로 에너지를 얻는 것이나 사회적으로 탁월한 사람이 나를 좋아하면 기분이 좋아지는 것과 같다. 이는 자연스럽고 건강하다. 하지만 이를 사랑이라고 착각하면 거기서부터 문제가 생긴다. 나보다 대단한 사람이 나를 좋아할 때 느껴지는 정서적 충전은 사랑과 다르다. 나는 그 사람이 아니라 그 위치를 보고 있는 것이다. 이 정서적 충전은 사람이 아니라 위치에서 온다. 어느 지점에서 서로의 수준이 비슷해지면, 그래서 상대가 나에게 그렇게 대단한 사람이 아니라고 느껴지면 관계가 식는다. 더 대단한 누군가가 나를 좋아해 주는 것에 반응하게 된다. 상대가 내가 아닌 조건에 반응한 것이라고 느끼면 이 사람도 이 관계에 실망하게 된다.

사람을 보고 그 사람의 아름다움에 상대를 사랑하는 것

이어야 한다. 이 밖에도 수많은 방식이 있다. 상대에 대해서 잘 모르면서 이 관계의 구도, 방식, 표현이 주는 감정, 정서적 에너지 공급을 좋아하면서 그것을 사랑이라고 착각하는 것은 문제가 된다.

당위적 접근

당위적으로 접근하는 것은 사랑의 관계를 어렵게 한다. '가족이니까 네가 나를 사랑해야 한다. 내가 가족이기 때문에 너를 위해 이런 결정과 행동을 하는 것이 사랑이다'라는 당위적 접근을 하는 것이다.

어린 시절부터 알아온 친구가 있다. 서로의 아름다움을 발견한 관계가 아니라 습관에 의해서 지속되는 관계다. 그런데, '친구니까, 이렇게 해 줘야 하지 않나. 친구는 이래야 한다'라는 당위를 내세우며 우정이고 사랑이라고 생각한다. 아름다움을 발견하고, 기뻐하고, 원하고, 위하는 과정 없이, 소속감과 책임감을 갖고 서로 지켜야 할 의무를 다하는 것이 사랑이라고 생각한다. 이런 당위로 상대에게 사랑을 요구하기도 하고, 상대를 싫어하면서도 이 당위에 눌려 상대에게 헌신하기도 한다. 이것은 도덕이지 사랑이 아니다. 숭고한 것일 수 있으나 사랑과는 상관이 없다.

오답을 버리고 정답에 머물기

사랑의 관계를 맺고 싶다면 관계의 중심에 아름다움을 두어야 한다. 환경과 이익에 따라 관계를 맺기보다, 아름다움에 따라 관계를 맺어야 한다. 아름다운 사람을 만나면 그 사람과의 관계를 소중히 여겨야 한다. 누군가와 서로 아름답게 바라보는 관계라면 어떤 관계보다 이 관계를 소중히 여겨야 한다. 환경에 떠밀려서 관계를 맺고, 사회적 정서적 육체적 이익을 중심으로 관계를 맺는 것을 멈추고, 아름다움을 중심으로 관계를 맺으려고 할 때, 사랑의 관계를 풍성하게 만들어 갈 수 있다.

그러기 위해서 아름다움을 보는 눈이 필요하다. 사람의 겉모습이 아니라 내면을 볼 수 있어야 한다. 내면에 담겨진 영혼의 조각을 발견하고, 그 사람이 아름다운 존재라는 것을 느낄 수 있어야 한다.

아름다움은 사람을 발견했다면 환대하고 고백해야 한다. 내가 아름답게 보는 사람을 진심으로 환영하고, 마음을 나눌 수 있는 사람이라면 사랑의 마음을 고백하고, 서로 사랑하는 관계라면 항상 환대하고 고백할 때, 사랑의 관계를 만들고, 누릴 수 있다.

이것을 알지 못하면 다양한 이유와 원인을 갖고 자기

만의 방식으로 표현하는 것을 사랑이라고 규정하면서 사랑과는 멀어진다. 사랑이라는 단어를 사용하지만 다른 의미로 사용하게 되는 것이다. 그러지 않아야 한다. 사랑이 무엇인지 기억하고, 아름다움을 보는 눈을 갖고, 아름다운 사람을 환대할 때, 우리는 사랑 안에 머무를 수 있다.

진정한 사랑을 경험한 사람은 아름다움을 보는 눈을 갖고 있다. 사랑은 상대의 눈을 통해서 내 안에 내재된 아름다움을 바라볼 수 있게 한다. 사랑을 받은 사람은 사랑의 시선을 경험하고 그 경험을 통해서 다른 사람 안에 내재된 아름다움을 발견하는 눈을 갖게 된다. 그래서 사랑받은 사람이 사랑할 줄 알게 되는 것이다. 하지만 사람을 통해 이만큼의 사랑을 받는 것은 쉽지 않은 일이다. 이런 사랑은 하나님으로부터 온다.

사랑의 관계를 소중히

내가 가진 여러 가지 관계 중에 가장 소중한 것은 사랑의 관계다. 사랑의 관계를 알아보고 소중히 여겨야 한다.

상대의 아름다움을 발견하는 관계가 사랑의 관계다. 사랑은 상대 안에 있는 아름다움을 발견하고, 기뻐하고 원하고 위하는 것이다. 내가 상대 안에 아름다움을 보고 상대를 아끼고 소중히 여기는 관계, 상대가 내 안에 아름다움을 보고 나를 아껴 주고 소중히 여겨 주는 관계, 서로의 아름다움을 보며 즐거워하는 관계가 사랑의 관계다.

사랑의 관계를 알아보고 소중히 여겨야 한다. 사랑의 관계를 소중히 여기면 그 관계가 더 자란다. 사랑의 관계가 자랄 때, 우리가 사랑 안에 머물 수 있게 된다.

사랑의 관계를 소중히 여기면 우선시하게 된다. 순간에 흔들리는 사람은, 나에게 얻을 것이 있어서 달콤한 이야기를 해 주는 사람과의 관계를 사랑하는 사람과의 관계보다 우선시하기도 한다. 성공의 인정으로 사랑을 채우려고 하는 사람은 사랑하는 관계보다 자신에게 도움을 줄 수 있는 관계를 마음에서 우선시하기도 한다. 인생의 우선순위가 사랑이 아니라 재미인 사람은 사랑하는 사람보다 재미있는 사람과의 관계를 우선시한다. 갈등을 싫어하는 사람은 사랑하는 사람과 갈등이나 충돌이 있을 때 이 관계를 방치하기도 한다. 어떤 사람은 바쁘고 정신없이 살다보니 관계의 소중함 자체를 잊기도 한다. 자녀를 몹시 사랑하지만 먹고 사는 분주함 속에 자녀가 나에게 어떤 존재인지 잊는 경우도 있다. 이것은 사랑을 소중히 여기지 않는 것이다. 이렇게 사랑의 관계를 대하면 이 관계가 상하고 메마른다. 그러니 다른 어떤 관계보다 사랑의 관계에 집중해야 한다. 그러면 그 관계로부터 오는 에너지가 내면을 채운다.

사랑을 소중히 여기면 관계에 집중하게 된다. 만약 사랑에 집중하지 않으면 무게 중심이 무너지기도 한다. 부모는 때로 자녀를 위하는 마음에 너무 집중하다가 자녀의 본질적 아름다움과 기쁨을 잊는다. 특히 청소년기를 지날 때, 자녀의 미래에 대한 불안으로 인해 위하는 마음만 느끼고 다른 마음을 느끼지 못한다. 그러면 자녀는 부모로부터 사랑을 느끼지 못하기도 한다. 가장 정서적 에너지를 충전받아야 하는 시기에 그 에너지를 주지 못하는 것이다. 이제는 자녀의 아름다움에 먼저 집중해야 한다. 잠재력을 갖고 있다는 것을 누구보다 먼저 바라보고 신뢰해야 한다. 자녀를 즐거워해야 한다. 그것으로 자녀에게 정서적 에너지가 공급될 것이다. 그 기반에서 자녀를 위해 해야 할 일들을 해야 한다. 이것이 사랑에 집중하는 방법이다.

연인은 때로 상대를 원하는 마음에 집중하다가 상대를 아름답게 보는 마음, 위하는 마음을 잊는다. 내가 원함을 충족시켜 주지 않는다는 이유로 이 관계에 실망하고, 비난하고, 해로운 말과 행동을 한다. 사랑에 집중하지 못하는 것이다. 사랑에 집중해야 한다. 그렇지 않으면 사랑이 변할 수 있다.

사랑에 집중하고, 우선시하는 것이 사랑의 관계를 소중히 여기는 자세다. 내가 이렇게 사랑을 소중히 여길 때, 이 관계가 자라고, 내가 더 많은 사랑 안에 머무르게 될 것이다.

크지 않아도 상관없다. 어떤 사람과의 사랑은 사랑이라고 하기에 민망할 만큼 작다. 서로 작은 호의를 갖고 있는 정도다. 이 역시, 서로 이해관계로 만나는 관계보다는 소중하다. 이 관계를 아끼면 이 관계도 자라날 것이다. 우리는 때로 완벽한 한 사람과의 사랑을 꿈꾼다. 아름다운 생명체가 나타나서 그 사람과의 사랑으로 내 마음이 다 채워지는 것을 상상한다. 이것은 하나님과의 관계에서 벌어지는 일이지 사람과의 관계에서는 불가능하다. 사람과의 관계에서 사랑은 이보다 모자이크에 가깝다. 크고 작은 사람이 모여서 온전한 사랑의 그림이 완성되는 것이다. 그러니, 작은 사랑도 소중히 여겨야 한다. 거기에 과도한 의미를 부여하라는 뜻은 아니다. 작은 것을 인정하고 받아들이고 그만큼 소중히 여기길 바란다. 우리가 이런 태도로 사랑을 소중히 여길 때, 관계에서 사랑을 얻고 누리게 될 것이다.

관계적 사랑을 이야기할 때, 종종 내가 성숙한 사람이 되면 한꺼번에 사랑의 관계들이 만들어지거나 운명 같은 사람이 찾아와서 사랑을 시작하게 된다고 생각하는 사람이 많다. 물론 이런 일이 벌어진다. 하지만 보통의 관계에서 우리는 주변에 사랑의 관계들을 소중히 여기는 것을 통해서 점점 더 많은 사랑을 얻어간다.

내가 어느 날 성숙해져서 많은 사람을 사랑하게 되는 것이 아니라, 내가 사랑을 소중히 여기고 돌보는 과정을 통해서 사랑에 성숙한 사람이 되는 것이고, 이 과정을 통해 많은 사람을 사랑하게 된다. 내가 사랑을 소중히 여길 줄 아는 사람이 될 때, 소중한 사람을 알아볼 수 있는 눈과 그것을 지킬 수 있는 능력을 갖게 된다. 인생에 특별한 사랑을 만나고 지킬 수 있게 된다.

그러니 더 많은 사랑을 원한다면 주변에 좋은 사람이 없고, 나는 사랑받을 만한 사람이 아니라고 말하지 말고 소중한 사람들을 소중히 여기는 연습을 시작해야 한다. 한 사람만 있어도 상관없다. 작은 호의의 관계가 전부라고 해도 상관없다. 내가 그 관계부터 아끼는 연습을 시작한다면 사랑을 얻어갈 수 있을 것이다.

사랑은 생명이다. 소중히 여기고 돌보면 아름답게 자라

나고, 무시하고 방치하면 메말라 죽는다. 사랑은 방치하고 함부로 대해도 영원히 빛나는 다이아몬드가 아니다. 사랑은 무생물이 아니다. 사랑은 생명이다. 소중히 여기고 돌보면 자라나지만 그렇지 않으면 시든다. 그러니 사랑을 소중히 여겨야 한다. 작은 화분 같은 사랑이라도 내가 소중히 여기고 가꾸어 나가면, 그렇게 하나씩 돌보다보면, 마음은 아름다운 초록의 정원을 갖게 될 것이다.

10
하나님 사랑이 바꾸는
삶의 감각들

사랑을 얻는 길은 상대 안에 있는 아름다운 모습을 보는 것이다. 그 사람 안에 담긴 아름다운 영혼을 바라보는 것이 그 사람을 사랑하는 길이다. 내 안에 있는 아름다움을 발견하는 것이 나를 사랑하는 길이고, 세상 안에 담긴 아름다움을 발견하는 것이 세상을 사랑하는 것이다.

상대의 아름다움을 발견할 정도로 상대를 깊이 바라보

기 위해서는 정서적인 힘이 필요하다. 정서적 에너지가 있을 때, 아름다움을 알아보는 눈을 가질 수 있다. 이 정서적 에너지는 사랑받음에서 온다. 사랑받아서 나의 아름다움을 발견하고 사랑하게 되는 것이 다른 사람과 세상의 아름다움을 알아볼 수 있는 출발점이 된다.

사랑받지 못한다면, 영혼은 잠들어 있고, 나의 아름다움을 모르고, 나를 사랑하지 않는다. 그러면 사랑을 할 수 없다. 사랑에 관해 수동적이 된다. 누군가 나를 사랑해 줘서 내가 나를 사랑할 수 있게 되어야 사랑을 시작할 수 있다. 내 스스로 무엇을 할 수 없다.

누군가 나타나 나를 사랑해 준다면 돌파구가 생긴다. 하지만 이것이 생각보다 쉽지 않다. 내가 나의 아름다움을 알고 나를 사랑하고 있다면 다른 사람이 나의 아름다움을 알아보기 쉽다. 하지만 내가 나의 아름다움을 모르고 나를 사랑하지 않고, 다른 사람을 사랑할 줄도 모르고, 누군가 나에게 정서적으로 공급해 주길 바라는 이기적인 태도를 갖고 있고, 사랑에 대한 잘못된 태도로 상대가 원하는 모습을 연기하며 나와 맞지 않는 사람들 사이에서 엉킨 관계를 맺고 있다면 타인이 나를 사랑하는 것이 쉽지 않다.

길이 없다. 길은 내가 스스로 걸어갈 수 있는 주체적인 가능성이어야 한다. 일어나기 어려운 행운을 기다리는 것은 길일 수 없다. 누군가 나를 사랑해 줘서, 그때부터 사랑이 시작되는 것은 구조대를 만난 것이지 길이라고 할 수 없다.

사랑의 길로 향하다

사랑을 얻는 길은 하나님으로부터 시작된다. 하나님은 우리를 사랑하신다. 하나님은 우리를 창조하셨기 때문에 우리의 본모습을 누구보다 잘 알고 계신다. 자신의 아름다움을 모른 채 어리석은 삶을 계속 살면서 스스로에게 실망할 때가 있다. 하나님이 나를 사랑하신다는 말이 전혀 와닿지 않을 때가 있다. 이때에도 하나님은 우리 안에 내재된 아름다운 모습을 보신다. 그것이 한 번도 제대로 드러나지 않아서 나조차 알지 못할 때에도 하나님은 그 아름다움을 보고 계신다. 하나님은 내가 얼마나 아름다운 사람인지 아신다. 그래서 나를 사랑하신다. 내가 이 사랑을 느끼지 못하고 있을 뿐, 하나님은 이미 나를 사랑하신다. 이 하나님의 사랑을 경험하기만 한다면 그 사랑은 나를 변화시킨다.

하나님의 사랑은 내가 어떤 사람에게 받은 사랑보다 크다. 자녀를 너무나 사랑한 부모라고 하더라도, 상대를 생명처럼 아낀 연인이라고 하더라도, 서로를 아끼고 소중히 여기는 공동체라고 하더라도 하나님의 사랑과 비교할 수 없다. 하나님이 없는 상태에서 사람들끼리 나눌 수 있는 사랑은 한계가 있다. 하나님의 사랑은 이와 비교할 수 없는 압도적인 사랑이다. 이 사랑을 경험하면, 우리는 그 사랑을 통해서 잠들어 있던 영혼이 깨어나는 경험을 할 수 있다. 하나님이 나를 바라보시는 시선으로 나를 바라보게 되고, 내가 아름다운 사람이라는 것을 알게 된다. 내면의 선하고 따뜻한 마음을 만나게 된다. 열정과 재능, 가치를 알게 된다. 내가 아름답고 사랑스러운 사람이라는 것을 느끼며 그로 인해서 경험하는 내적 충만함과 자부심을 갖게 된다. 곧 내가 나를 사랑하게 되는 것이다.

하나님의 사랑으로 나를 사랑하는 사람은 다른 사람을 사랑할 수 있다. 사람 안에 담겨 있는 아름다움을 보는 눈이 생겼기 때문이다. 또 하나님 사랑은 우리에게 내면의 풍성한 여유를 준다. 결여된 내면이 아니라 만족한 내면을 갖게 되면 정서적 여유가 생긴다. 이 정서적인 힘이 지금 보이는 상대의 모습이 아니라 그 안에 내재된 본모습을 들여다 볼 수 있는 에너지가 된다. 이렇게 자신을 사랑하는 사람은 다른 사람을 사랑할 수 있다.

사람 안에 있는 아름다움을 보는 사람은 세상 안에 있는 아름다움도 볼 수 있다. 하나님께서 세상을 아름답게 창조하셨다. 세상 안에 아름다움이 담겨져 있다. 꼭 자연만 아름다운 것이 아니다. 하나님이 인간 안에 담아 놓으신 창조의 능력을 갖고 만든 세상 속에 아름다움이 담겨져 있다. 사람을 사랑하는 사람이 세상을 사랑할 수 있다.

이것이 사랑의 길이다. 하나님의 사랑으로부터 시작해서 내가 나를 사랑하게 되고, 다른 사람들을 사랑하게 되고, 세상을 사랑하게 되는 것이다.

물론 이것이 한순간에 이루어지는 것은 아니다. 거기에는 확대의 과정이 있다. 하나님의 사랑을 조금 알고, 나를 싫어하지 않게 되고, 다른 사람이나 세상을 싫어하지 않게 되는 것이 첫걸음이다. 하나님의 사랑을 알아갈수록 나를 조금씩 더 사랑하게 되고, 주변에 아름다움을 쉽게 발견할 수 있으며 사람과 세상의 영역들을 먼저 사랑하게 된다. 하나님의 사랑을 깊이 알면 나를 깊이 사랑하게 되고, 평범한 사람들도 사랑하게 되고, 세상을 사랑하게 된다. 하나님의 사랑에 깊이 감화되어서 내가 얼마나 아름다운 존재인지 느낀다면, 지금 보이는 모습은 악하고 초라한 사람들 안에 담긴 아름다움도 발견하게 되고, 무너진 세상이 본래 가진 아름다움을 보게 된다.

하나님 사랑을 믿어야 한다

사랑을 향한 길에서 가장 중요한 지점은 하나님의 사랑을 알게 되는 지점이다. 하나님은 나를 사랑하신다. 그런데 나는 그 사랑을 느낄 수 없다. 이 지점이 '크레바스'다. 이 틈을 넘어가지 못하면 나는 사랑의 길을 걸어갈 수 없다. 이 틈을 넘어가게 하는 것이 '믿음'이다.

사람과 사람 사이의 사랑을 생각해 보자. 누군가 나를 사랑한다고 고백한다. 그것을 내가 어떻게 알 수 있을까? 쉽지 않다. 그 사람이 나에게 아름다운 말을 하고, 즐거운 시간을 만들어 주고, 헌신적인 행동을 한다고 할지라도 그것을 알 수 없다. 그 말과 행동이 나에게 원하는 것을 얻기 위한 거짓일 수도 있기 때문이다. 어느 지점에서는 내가 그것을 믿어야 한다. 그의 말과 행동, 그가 나를 사랑한다는 고백을 믿어야 한다. 그것을 믿고, 마음을 열어야 한다. 상대가 나를 사랑한다는 전제 아래서 상대를 대하기 시작해야 한다. 그 사랑이 실재라는 것을 믿고 사랑을 알아가려고 해야 한다. 그때부터 내가 상대의 마음을 느끼기 시작할 수 있다.

상대가 나를 사랑한다는 것을 마음으로 알아갈 수 있다. 처음엔 믿더라도 사랑을 잘 알 수 없다. 순간 다시 의심이 들고, 사랑을 느꼈다고 생각했는데, 실체가 없는 것처럼 느껴지기도 한다. 하지만 시간이 지날수록 이것을 점점 더 명확히 알게 된다. 이제 특별한 이유 없이 상대를 의심하는 일은 없어진다. 상대가 나를 사랑한다는 그 마음이 나에게 실체로 느껴진다. 또 시간이 쌓이면 이 사랑은 단단해진다. 상황적으로는 사랑하는 것 같지 않은 상황에서도 그가 나를 사랑한다는 것을 알고 있다. 그의 사랑을 의심하지 않는다. 사랑을 확실히 믿는다. 그 사랑이 나에게 명확한 실체로 느껴진다. 내가 눈으로 보고, 손으로 만지는 것처럼, 무엇으로도 깨뜨릴 수 없는 단단한 실체로 그 사람이 느껴진다. 사랑의 크기가 그렇게 자란 것이 아니다. 그 사람은 처음부터 나를 사랑했고 지금도 내가 그 사랑을 다 느끼지 못하고 있을 수 있다. 내가 믿고 마음을 여는 만큼, 그 믿음만큼 상대의 사랑을 알게 되는 것이다.

하나님과 우리의 사랑도 이렇다. 하나님이 나를 사랑하신다. 그것을 믿어야 한다. 믿음에서부터 상대의 사랑을 알아갈 수 있기 때문이다. 내가 상대의 사랑을 믿기 위해서는 아름다운 말이나 즐거운 시간, 헌신적인 행동이 필요하다. 하나님께서 때에 따라 이런 것을 주시기도 하신다. 우리가 믿을 수 있도록 도움과 은혜를 주신다. 여전히 거기에는 의심할 수 있는 여지가 존재한다. 어느 지점에서는 믿음이 반드시 필요하다. 하나님께서 나를 사랑하신다는 것을 믿어야 한다. 그것을 믿고 마음을 열어야 한다. 하나님이 나를 사랑하신다는 전제하에 하나님을 대해야 한다. 그때부터 하나님의 사랑을 느끼기 시작할 수 있다.

처음에는 믿어도 잘 알 수 없다. 사랑하시는 것 같은 작은 감각이 느껴지다가도 어느 순간 모든 것이 의심된다. 하지만 그렇더라도 끝까지 믿고 마음을 열 때, 어느 순간 사랑이 자연스럽게 느껴지고 받아들여지기 시작한다. 전에 가만히 있어도 의심이 찾아왔다면 평범한 시간 속에서 항상 자연스럽게 그 사랑을 믿게 된다. 내가 눈으로 본 것처럼, 손으로 만진 것처럼 사랑이 분명히 있다는 것을 확신하게 된다. 그것은 여러 가지 과정과 장면에서 자연스럽게 찾아오는 것이다. 명확히 어느 지점에서 어떤 행동이나 말 때문에 믿음이 생겼다고 할 수 없다. 자연스럽게 함께하는 시간들을 통해서 쌓여가는 것이다. 어느 지점에서는 그 사랑을 의심할 만한 상황이 와도 그 사랑을 굳건하게 믿는다. 그 사랑이 명확하게 느껴졌기 때문이다.

하나님 사랑, 신앙의 시작

사랑의 길에서 완전히 새로운 차원이 열리는 것은 내가 하나님을 사랑하게 될 때다. 사랑이 상호성을 가질 때 이전과 비교할 수 없는 엄청난 변화가 생기기 때문이다.

신앙의 시작은 하나님의 존재와 능력, 선하심에 대해서 고민하고 그것을 믿어가는 과정이다. 하나님이 없다고 생각하다가 어느 순간 하나님의 존재를 받아들이게 되면 신앙이 시작된다. 하나님이 존재하지만 세상에 별다른 영향력이 없다고 생각하다가 하나님이 때에 따라 우리를 돌보시고 지키실 수 있다는 것을 알게 되면 신앙이 시작된다. 내가 선하다고 생각해서 하나님께 내가 내린 결론을 지지해 달라고 지시하다가, 어느 순간 하나님이 선하시고 내가 기준과 방향을 바꾸면 바른 길로 인도해 주심을 믿으면 신앙이 시작된다.

신앙을 갖는다는 것은 사랑의 하나님을 믿는 과정이다. 하나님을 존재, 능력, 기준의 차원에서 알다가 어느 시점에 하나님이 나를 사랑하신다는 것을 배우고 이것을 믿는 과정을 시작한다면 진정한 의미에서의 신앙을 시작한 것이다. 하나님이 나를 아름답게 보시고, 원하고, 위하는 그 사랑을 믿고 경험하는 일이다. 이 사랑은 내 중심을 바꾼다. 잠들어 있던 영혼이 깨어나는 영혼의 구원을 경험하게 한다. 내 중심이 바뀌는, 나라는 사람이 바뀌는, 새사람이 되는 경험이다. 하나님의 도움을 받거나, 기준을 배우고 따르는 것으로 나라는 사람 자체가 바뀌지 않는다. 하지만 사랑은 나라는 사람 자체를 바꾼다. 하나님 사랑으로 나를 사랑하게 되고, 다른 사람을 사랑하게 되고, 세상을 사랑하게 된다. 관계와 삶의 태도가 모두 달라지게 된다.

　신앙이 깊어지는 것은 하나님을 사랑하게 되는 과정이다. 하나님이 나에게 어떤 분이신지를 보는 것을 넘어 하나님이 원래 어떤 분이신지 보는 것이다. 그래서 하나님 안에서 아름다움을 발견해 하나님을 기뻐하게 되는 것이다. 하나님을 원하고, 위하게 되는 것이다. 하나님을 사랑하게 되는 것이다. 이것은 엄청난 변화를 가져온다.

　하나님을 대하는 마음과 태도가 달라진다. 하나님께 인도와 보호만을 바라는 사람에게 하나님과 함께 있는 시간은 노동의 시간이다. 원하는 것을 얻기 위해서 하나님께 시간을 들이는 것이다. 하나님을 위해서 해야 할 일을 들으면 내가 받은 것의 대가를 지불해야 하는 것처럼 느껴진다. 그래서 받은 것보다 해야 하는 것이 더 많다고 느껴질 때는 억울한 마음이 든다. 이것은 자연스러운 반응이다. 도움과 가르침을 받지만 개인적인 관계가 아니기 때문이다.

하나님의 사랑을 받지만 하나님을 사랑하지 않는 사람은 하나님께 비춰진 자신의 모습이 좋고, 하나님의 사랑에서 전해지는 그 온기가 좋다. 하나님과 함께 있는 것을 좋아하고, 하나님 자체를 좋아한다. 하나님이 어떤 분이라는 것보다 하나님이 나에게 어떤 분이라는 것을 좋아한다.

사랑하면, 변한다

하나님을 사랑하면 달라진다. 하나님의 아름다움을 보고 하나님 자체를 기뻐한다. 하나님과 이유와 목적 없이 함께 머무르고 싶다. 하나님이 아름답고, 하나님이 나에게 기쁨이 되기 때문이다. 이 사람에게 가장 아름다운 존재는 하나님이다. 하나님처럼 아름다운 존재는 없다. 어떤 사물, 자연, 세상, 사람보다 하나님이 더 아름답다. 이 아름다움을 본 사람들은 이보다 최고의 기쁨을 느낀다. 이 사람은 세상 그 무엇보다 하나님을 원하고 하나님과 함께 머무르기를 원한다. 신앙을 시작하는 사람은 하나님께 원하는 바를 얻기 위해 하나님과 함께하는 시간을 감수하는 경향이 있다. 신앙을 갖게 된 사람은 하나님과 함께 머무르는 것을 좋아하는데 정확히 이야기하면, 하나님의 사랑 안에 있는 자신이 좋아서 머무르는 것이다. 신앙이 성숙한 사람, 하나님을 사랑하는 사람은 하나님 자체가 좋아서 하나님과 머무르는 것 자체를 기뻐하면서 하나님과 함께 머무른다.

이 사람은 하나님을 위해서 행동하는 것이 자신이 원하는 바다. 하나님을 사랑하기 때문에 자연스럽게 하나님을 위하는 마음을 갖고 있다. 하나님을 위해 자신의 삶을 드리길 기뻐한다. 이러한 모습이 하나님을 사랑하는 사람에게 보이는 변화다.

하나님을 사랑하면 하나님과 서로 사랑하는 상호성 안에 진입하게 된다. 사랑은 상호성을 가질 때 전혀 다른 차원으로 도약한다. 내가 상대를 아름답게 볼 때, 상대는 아름다움에 대한 권위자가 된다. 내가 하나님의 아름다움을 알기 전에 하나님께서 나를 아름답다고 하시는 것과 내가 하나님의 아름다움을 알고 나서 하나님께서 나를 아름답다고 하는 것은 전혀 다르게 들린다. 하나님의 눈에 내가 아름답다는 것이 더 큰 감격과 확신으로 들려진다.

기쁨이 상호성을 가질 때 기쁨은 더욱 배가 된다. 하나님이 나와 함께하는 것을 기뻐하시고 내가 하나님과 함께 있는 것을 기뻐할 때, 이 기쁨은 폭발적으로 증폭된다. 하나님과 함께하는 순간이 내 삶에 가장 큰 기쁨이 된다.

위함의 상호성을 가질 때, 하나님과 나 사이의 벽이 허물어진다. 하나님이 나를 사랑하신다는 것을 믿어도 내가 하나님을 사랑하지 않을 때, 나는 하나님과 하나라고 느끼지 않는다. 하지만 나도 하나님을 위하게 되면 하나님과 나 사이의 벽이 허물어지고 하나가 된다. 하나님이 나를 위하고, 나도 하나님을 위하기 때문에, 서로가 상대의 기쁨을 기뻐하고, 상대의 슬픔을 슬퍼하기 때문에 마음이 하나 된 상태에서의 우리가 된다. 하나님이 내 안에 계시고, 내가 하나님 안에 있어 하나님과 내가 하나로 느껴지는 지점에 도달하게 된다.

내가 하나님을 사랑할 때, 하나님과 나 사이에 사랑의 상호성이 형성되면서 자아가 확장되는 경험을 하게 된다. 내가 내 안에 갇혀 있는 것에서 벗어난다. 내가 하나님을 위하고 하나님이 나를 위하신다. 하나님의 기쁨이 나의 기쁨이고, 나의 슬픔이 하나님의 슬픔이다. 하나님과 나 사이에 벽이 사라진다. 동일시와 공감으로 인해 너와 내가 아닌 우리가 되는 것이다. 사랑을 통해 우리가 만들어지는 것이다. 이는 사랑을 통한 자아의 확장이다. 신앙을 시작하는 단계에 있는 사람은 사랑을 이해하지 못하기 때문에 이것이 자아의 확장이 아닌, 하나님이 자아를 침해하고 억압하는 것이라고 오해한다. 전혀 그렇지 않다. 자아가 훼손되는 것이 아니라 확장되는 것이다. 상호적인 사랑은 언젠가 자아의 확장을 가져온다. 연인은 서로를 통해 자아가 확장되고, 부모는 자녀를 통해 자아가 확장된다. 연인은 서로를 통해 남녀 모두의 입장을 이해하는 사람이 되고, 부모는 자녀를 통해 아이의 기쁨과 슬픔을 다시 느낀다. 자아가 이런 확장을 경험할 때 사람은 외롭고 고립되고 불안정한 균형 잡기의 삶에서 벗어난다. 내면이 완성된 것 같은 평온과 만족감을 경험하게 된다.

우리는 하나님을 사랑하게 되면서 무한대의 에너지를 경험하게 된다. 하나님과 나 사이에 사랑이 계속 순환함을 경험한다. 사랑은 순환하면서 가속도가 붙으며 점점 더 강해진다. 무한대의 에너지가 발생하는 것이다. 일방적인 사랑은 에너지를 상대에게 흘려보내는 것이기 때문에 에너지가 소모된다. 하지만 서로 사랑하는 것은 소모가 일어나지 않는다. 오히려 에너지가 순환하면서 증폭된다. 이 에너지로 하나님의 사랑을 더 깊이 느낄 수 있고, 하나님을 더 많이 사랑하게 된다. 내가 나를 더 사랑하게 되고, 다른 사람과 세상을 더 깊이 사랑할 수 있게 된다.

사랑은 상호성을 가질 때, 그 진정한 힘이 나타나는데, 하나님과 서로 사랑하게 되면 그 힘이 가장 강력해진다.

사랑의 길을 걷다

사랑은 우리에게 가장 중요하다. 사랑이 우리의 잠들어 있는 영혼을 깨워 진정한 나로 살게 하기 때문이다. 세상 안에 있는 아름다움을 발견해서 만족과 자부심의 삶을 살게 한다.

이 사랑을 얻기 위해서 먼저 나를 사랑하시는 하나님의 사랑을 누려야 한다. 그것으로 내가 나를 사랑하게 되고, 다른 사람을 사랑하게 되고, 세상을 사랑하게 된다. 이 사랑을 시작하기 위해서는 믿음이 필요하다. 모든 사랑이 그러하듯이 하나님과의 사랑도 믿음에서부터 출발한다. 우리가 하나님의 사랑을 믿고, 하나님의 사랑을 경험한다면 사랑으로 인해 나와 내 삶의 중심이 변화되는 것을 경험할 수 있을 것이다.

우리의 영혼이 온전히 깨어난다면, 우리는 하나님의 아름다움을 알아볼 수 있게 될 것이다. 하나님을 사랑하게 될 것이다. 그것은 이제까지와 다른 차원의 길을 열어 준다. 내면과 삶이 다시 한 번 새로워지는 경험을 하게 될 것이다.

우리 모두 이 사랑의 길을 걷길 바란다. 잘못된 길, 누군가 원하는 모습을 연기하거나, 사랑이 필요하지 않다고 스스로 속이며 나 자신으로부터 벗어나는 길을 걷지 않기 바란다. 그 길에서 벗어나 하나님의 사랑을 믿음으로 나를 사랑하게 되는 것부터 시작되는 진정한 사랑의 길을 걷기 바란다.

사명의 관점에서 보는 복음

많은 그리스도인이 신앙생활에서 사명의 지향성에 치우쳐져 있다. 사명의 관점에서 복음을 정리해 볼 필요가 있다.

하나님께서는 세상을 아름답게 창조하셨다. 하지만 아담과 하와가 선악과를 먹으면서 세상은 그 아름다움에서 멀어졌다. 우리는 죄인이 되었다. 그런 우리를 하나님께서 긍휼히 여기셔서 구원의 길을 예비하셨다. 그것이 십자가다. 십자가가 우리를 죄에서 자유하게 한다는 대속을 믿으면 죄로부터 구원받아 새사람이 된다. 하나님은 이렇게 믿는 자들을 구원하셔서 천국으로 인도하신다. 또, 이 땅에서 믿는 자들과 함께 하나님 나라를 세워 가신다. 그러니 구원받은 우리들은 천국을 소망하며 이 땅에서 하나님 나라를 세워가는 일에 동참해야 한다. 하나님께서는 각자에게 감당할 역할, 소명을 주셨다. 그 소명을 분별하고 부르심에 헌신하는 것이 이 땅에서 우리가 살아야 할 삶이다.

이 사명의 지향성에서 신앙생활을 할 때, 가장 중요한 것은 하나님 나라를 위해서 내가 무엇을 할 것인가다. 사명을 깨닫는 것, 사명을 이룰 수 있도록 준비되는 것, 사명에 헌신하는 것, 이 과정에서 필요한 지혜와 능력을 얻는 것, 인내와 겸손을 갖추는 것이 중요하다. 하나님 나라를 위해 내가 무엇을 할 것인가가 신앙생활의 중심이 된다.

이렇게 되면 신앙생활은 세 가지 축으로 형성된다. 첫째, 하나님 나라를 이해하고, 소명과 헌신의 방향을 배우기 위한 성경공부, 그것을 내재화하기 위한 기도와 예배다. 둘째, 교회, 전도, 선교다. 셋째, 세상에서 빛과 소금의 역할을 감당하는 것이다. 약자를 돌보는 구제, 사회적 정의를 실천하고 지키는 사회 참여를 말한다. 말씀과 기도를 통해 사명의 사람으로 준비되어서, 안으로는 교회를 세우고 복음을 전하며, 밖으로는 세상의 빛과 소금의 역할을 감당하는 것이 그리스도인으로서의 삶이고, 이것을 준비하고 실천하는 것이 그리스도인의 신앙생활이다.

이것이 사명의 관점에서 바라보는 복음이다. 너무나 소중하고 아름다운 메시지다. 여기에 하나의 틀림도 없다. 하지만 이것만으로는 복음에 대한 온전한 설명이 되지 못한다. 보완이 필요하다.

사랑을 통한 신앙생활

하나님께서 나를 아름답게 창조하셨다. 나는 하나님과 단절되어 아름다운 본모습을 잊고 살고 있다. 육체와 환경에 영향을 받은 마음이 마치 나인 것처럼 생각하며 살고있다. 하나님은 여전히 나의 진정한 모습, 나의 아름다운 모습을 보고 나를 사랑하시기에, 이런 나를 안타까워하신다. 우리의 아름다운 본모습, 우리의 영혼이 회복되길 바라신다. 우리의 영혼이 회복되려면, 하나님 사랑이 우리 마음에 부어져야 한다. 그 사랑을 통해서 잠들어 있는 우리 영혼이 회복될 수 있다.

하나님은 우리의 영혼을 구원하기 원하셨다. 그래서 우

리를 찾아오시고 하나님의 사랑을 우리에게 보이셨다. 그 사랑을 보이신 것이 예수 그리스도의 십자가다. 우리는 예수님을 통해서 하나님의 사랑을 본다. "우리가 아직 연약할 때에, 기약대로 그리스도께서 경건하지 않은 자를 위하여 죽으셨도다 의인을 위하여 죽는 자가 쉽지 않고 선인을 위하여 용감히 죽는 자가 혹 있거니와 우리가 아직 죄인 되었을 때에 그리스도께서 우리를 위하여 죽으심으로 하나님께서 우리에 대한 자기 사랑을 확증하셨느니라"(롬 5:6-8)라는 말씀처럼 십자가는 하나님의 사랑을 우리에게 확증하여 보여 준다. 우리가 십자가를 믿는 것은 하나님의 사랑을 믿는 일이다. 우리는 그 사랑을 믿음으로 그 사랑을 경험하게 되고 그로 인해 우리 안에 잠들어 있던 영혼이 회복되는 구원을 경험하게 된다.

영혼이 회복된 사람은 하나님의 사랑 안에 만족을 누린다. 하나님을 사랑하게 되고 자기 자신을 사랑하게 되고, 다른 사람을 사랑하게 되고, 세상을 사랑하게 된다. 사랑하기 때문에 소중히 여긴다. 사랑하기 때문에 안타까워하고 돌보고 위한다.

이것이 사랑의 관점에서 바라보는 복음이다. 하나님은 사랑이시다. 사랑을 알지 못하는 자는 하나님을 알지 못하는 것이다. 하나님은 사랑이시기 때문이다. 그래서 구원받은 성도들은 사랑한다. 우리는 서로 사랑한다. 사랑은 하나님께 속한 것이기 때문이다. 사랑하는 사람은 하나님으로부터 온 사람들이고 하나님을 아는 사람들이다. 사랑하지 않는 사람들은 하나님을 알지 못하는 사람들이다. 하나님은 사랑이시기 때문이다(요한일서 4장 7-8절 말씀을 보라!). 하나님의 사랑을 경험해, 영혼이 회복되고, 그 사랑의 기쁨 가운데 자신과 타인과 하나님을 사랑하게 되는 것이 구원이다. 이것이 없으면 하나님께 속한 것이 아니다.

사랑의 지향에서 신앙생활의 가장 중요한 것은 하나님의 사랑을 누리는 일이다. 그때 내 아름다운 본모습, 내 영혼이 회복된다. 그것으로 하나님과 다른 사람과 세상을 사랑하게 되고 자연스럽게 그 사랑을 실천하며 살게 된다. 그러니 신앙생활에서 내면에 더 집중하게 된다. 내 안에 사랑의 변화가 일어나는 것이 가장 중요하다. 나머지는 이 변화로 인해 자연스럽게 따라오는 일들이다.

사랑의 신앙생활은 세 가지 축으로 형성된다. 첫째, 하나님의 말씀을 통해 하나님의 사랑을 이해하고 믿기로 결단한다. 둘째, 고백을 통해 하나님의 사랑을 내 안에 경험하며 영혼의 회복을 경험한다. 셋째, 하나님께서 주신 사랑의 마음에 집중하며 이 사랑을 실천한다. 하나님의 사랑 가운데 영혼이 회복되어 다른 사람을 사랑하게 된다. 그러니 사랑의 신앙생활에서는 내적 변화에 가장 집중한다. 지금 내가 그분의 사랑으로 영혼의 회복을 경험하는 것이 가장 중요하다.

사랑의 신앙생활, 사명의 신앙생활

사랑의 신앙이 우리에게 먼저 있어야 한다. 십자가의 핵심이 우리에게 먼저 자리 잡혀야 한다. 그리고 구원받은 사람의 사회적 삶을 이야기하면서 사명의 신앙이 이야기되어야 한다. 사랑의 신앙 없이 사명의 신앙을 이야기하면 편향성의 문제가 발생할 수 있다.

은혜는 언어에 제한을 받지 않는다. 사랑의 언어로 자신의 신앙을 이해하거나 설명하지 않고, 사명의 언어로 자신의 신앙을 이해하고 설명하는 사람도 있다. 그들은 대부분 사랑의 중심을 명확히 붙잡고 있다. 언어로 표현되지 않았을 뿐이다. 하나님을 사랑하는 마음으로, 하나님을 기쁘시게 해 드리고자 하는 열정으로, 사람을 사랑하고, 세상을 사랑하는 마음을 모두 갖고 사명을 이야기하며 주어진 사명에 집중할 수 있다.

　하지만 실체를 모르는 사람에게 언어의 부재는 오해를 만든다. 사명의 신앙만 강조하는 것은 두 가지 문제가 일어난다. 먼저는 사랑으로 정서적 만족을 경험하기 전에 사명을 이야기하면, 자신의 정서적 결여를 충족하기 위한 대안으로 사명을 인식한다. 성공을 통한 인정으로 정서적 결여를 채우는 것과 같은 구도다. 사명을 가치 있는 성공으로 잘못 이해하고 성공에 대한 하나님의 약속으로 받아들인다. 내가 평범한 사람이라고 느끼면서 존재가 지워지는 기분이었는데, 하나님 나라 안에서 중요한 사람이고, 내게 아주 중요한 일이 맡겨졌으며, 하나님께서 능력과 기회를 주셔서 그 일을 이루게 하시겠다고 하니, 그것을 자신의 자존감으로 삼아 정서적 결여를 채우게 된다. 자신이 가치 있는 성공을 이룰 것이라는 확신을 갖고 그로 인해 이미 그 자부심을 느끼며 정서적 안정을 느끼는 것이다. 사명은 하나님 사랑에 감동한 사람이 이름도 없이 빛도 없이 주님을 위해 주의 일에 동참하는 것인데, 이 사람은 그렇게 생각하지 않는다. 역사를 바꾸는 대단한 일을 하는 것이라고 생각한다. 사명이 자신의 자부심이고, 정서적 에너지의 근간이 된다. 이 사람에게 사명은 사명이 아니다. 성공에 대한 확신이다. 이 사람에게는 성공으로 정서적 에너지를 삼으려는 사람의 단점이 동일하게 나타난다. 사회적 자아와 개인적 자아가 분리되어 있지 않아서 자신의 성취가 곧 자기 자신이라고 생각한다. 관계는 자신의 성취에 대한 사람들의 반응이라고 생각하기 때문에 개인적인 관계에 미숙하다. 비전에 대해서 나누며 서로의 사명을 고취시키는 대화 외에 큰 관심이 없다. 성취가 사라지는 지점에서 자신이 지워지는 것 같은 위기감을 경험한다. 성공하지 못하고 평범한 사람 중에 하나가 되었다고 느끼면 깊은 우울을 경험한다. 이것이 사랑의 신앙이라는 기반 없이 사명의 신앙으로 삶을 이해할 때 생기는 오해들이다.

다음으로, 교회 중심의 삶을 살게 된다. 가족을 돌보고, 생활을 위해 일하고, 일상적인 삶을 즐기는 것을 그다지 가치 있게 생각하지 않는다. 그보다 하나님 나라를 위한 자기 사명을 발견하고 거기에 헌신하는 일을 가치 있게 생각한다. 사명의 신앙생활을 하는 사람은 사명을 교회 중심의 사명으로 이해한다. 봉사, 전도, 구제, 선교 등을 자기 사명으로 이해하는 경우가 많다. 일상을 이야기할 때도 교회적 삶의 재해석일 수 있다. 자녀를 복음 안에서 양육하는 것, 회사에서 빛과 소금이 되는 것, 가정을 하나님 보시기에 아름다운 가정으로 만드는 것, 같은 관점에서 바라본다. 신앙이 이 사람의 인생 전체를 조명하는 것이 아니라, 교회 생활이라는 일부만 조명하고, 다른 부분들은 최소화하면서 방치하게 된다. 그러다 보면 교회 안에서 신앙이 좋은 것처럼 보이지만, 개인적인 성품이나, 인간관계나, 사회적 관계에서는 미숙한 사람이 되기도 한다.

물론, 사명의 신앙 없이 사랑의 신앙만 이야기하는 것도 문제가 된다. 이 사람은 자기 내면과 삶에 머물러서 하나님의 일에 동참하지 못할 수 있다. 하나님의 사랑으로 기쁨을 누리고, 성숙한 인격을 갖고, 주변을 사랑하고, 건강한 일상을 살아가는데, 하나님이 이 시대에 행하시는 큰일에 동참하지 않는다. 복음을 전하지 않고, 교회를 세우지 않고, 하나님 나라가 이 땅에 이루어지는데 소극적이다. 변화산에서 여기가 좋으니 여기에 움막을 치겠다고 이야기하는 제자들처럼, 은혜의 기쁨 안에 머물며, 자신이 동참해야 하는 영적 전쟁을 외면하고, 개인적인 삶에 머무르게 된다.

사랑의 신앙을 이야기한 이후에, 항상 사명의 신앙이 이야기되어야 한다. 두 가지에 균형이 있어야 한다. 오늘은 사랑에 대해서 이야기하고 있으니, 사명의 신앙만 있을 때의 단점을 강조하는 것뿐이다. 그럼에도 둘 중 하나만 가져야 한다면 단연코 사랑의 신앙이 먼저다. 사랑의 신앙만 강조하면 변화된 사람이 하나님의 일에 동참하지 못하는 문제가 발생할 수 있지만, 사명의 신앙만 강조하면 변화되지 않은 사람이 하나님의 일에 참여하는 일이 벌어지기 때문이다.

사명의 신앙생활은 하나님 나라의 소망을 바라보고, 내가 받은 소명을 깨달아, 부르심에 헌신하는 것이다. 사랑의 신앙생활은 하나님의 사랑을 통해서, 내가 나를 사랑하게 되고, 하나님을 사랑하게 되고, 다른 사람과 세상을 사랑하게 되는 것이다.

믿고, 고백하고, 묵상하고, 행동하라

하나님께서 나를 사랑하신다. 나를 사랑하시는 이유는 내 안에서 아름다움을 보시기 때문이다. 하나님이 창조하신 원래의 아름다운 모습이 내 안에 내재되어 있다. 하나님께서는 나를 볼 때 그 아름다운 모습을 바라보신다. 그래서 나를 아름답다고 하시고 사랑하신다.

이런 하나님의 사랑을 믿고 경험할 때, 내 안에 진정한 내 모습이 회복되는 것을 경험한다. 영혼의 구원을 경험하는 것이다. 이때, 하나님의 시선에서 나를 바라보게 되고, 나의 아름다움을 알게 되고 나를 사랑하게 된다.

하나님의 사랑을 통해 나의 아름다움을 발견하고 나를 사랑하는 경험은 그대로 다른 사람에게 적용될 수 있다. 다른 사람을 바라볼 때, 하나님의 시선으로 바라볼 수 있기 때문이다. 그의 겉모습이 아니라 그 안에 내재되어 있는 아름다운 모습을 바라볼 수 있게 된다. 그래서 내게 주신 은혜에 감사하면서 결단하여 사랑하는 것이 아니라, 상대 안에 아름다움을 발견했기 때문에 자연스럽게 사랑하게 되는 사랑을 베풀게 된다.

내가 미숙할 때는 하나님이 나에게 어떤 분이신지를 보지만, 내가 사랑으로 성숙할수록 하나님이 본래 어떤 분이신지 바라보게 된다. 그래서 하나님의 아름다움을 발견하고 하나님을 사랑하게 된다. 자연스럽게 하나님을 원하고, 하나님을 위하는 마음을 갖게 된다. 하나님을 기쁘시게 해 드리고자 하나님을 위하는 것이 자연스럽게 된다. 하나님의 뜻을 행하고, 하나님이 기뻐하시는 것으로 만족하는 사람이 된다.

이것이 사랑의 은혜를 통해 우리에게 일어나는 일이다. 신앙생활을 통해 이 일이 일어나도록 하는 것이 사랑의 신앙생활이다. 이 일이 일어나기 위해서 필요한 것은 이해, 믿음, 고백, 묵상, 행동이다. 이것은 성경과 기도, 예배, 실천의 틀에서 이루어져야 하고, 나, 하나님, 다른 사람, 세상을 중심으로 반복되어야 한다.

하나님이 나를 사랑하심을 말씀을 통해서 이해해야 한다. 사랑이 무엇인지 알려 주는 아가서, 사랑의 구원을 이야기하는 요한서신을 이해해야 한다. 구원을 사랑과 영혼 구원의 관점에서 다시 봐야 하고, 하나님 나라의 핵심이 사랑임을 이해해야 한다. 무엇보다 이 모든 말씀이 지금 살아 계신 하나님이 나에 대해서 갖고 계신 사랑을 이야기하는 것임을 이해해야 한다. 내가 그 사랑을 경험하기 위해서 믿음과 고백이 필요하다는 것까지 말씀을 통해서 이해할 필요가 있다.

성경은 하나님이 우리에게 주시는 메시지다. 지금 살아 계신 하나님이 어떤 분이신지 설명하는 소개의 책이다. 다른 어떤 설명보다 성경을 통해서 하나님의 사랑을 이해하는 것이 우리가 직접적으로 사랑의 하나님을 알아가는 데 유익하다.

믿어야 한다. 성경은 하나의 가치관을 설명하는 것이 아니고, 하나의 이야기를 들려주는 것이 아니다. 성경은 설명서이지 철학책이나 이야기책이 아니다. 이야기를 듣고 감동하고, 가치관을 이해하고 동의하는 것은 성경의 핵심이 아니다. 성경을 읽고, 적용해야 한다. 이 내용을 믿어야 한다.

사랑의 관계는 믿음에서 시작된다. 상대가 나를 사랑한다는 것을 어떻게 알 수 있을까? 그 사랑을 믿고 관계를 시작할 때 알 수 있다. 많은 헌신과 수고, 설명과 이벤트를 한다고 해서 사랑을 입증할 수 있는 것이 아니다. 어느 지점에서는 내가 그 사랑을 믿고 교제를 나눌 때, 마음으로 알게 되는 것이다. 그러니 하나님이 나를 사랑하신다는 것을 믿어야 한다.

고백해야 하다. 기독교는 고백의 종교다. 기독교는 성경공부의 종교, 간구의 종교가 아니다. 영적 교제의 종교도 아니다. 우선 되어야 할 것이 고백이다. 우리의 신앙을 고백하는 것이 기독교의 핵심이다. 왜냐하면 고백이 사랑의 관계를 맺는 출발점이기 때문이다. 우리가 누군가와 연인이 될 때, 고백으로부터 시작한다. 상대의 고백을 믿고, 내가 같은 고백을 상대에게 전하는 것부터 시작된다. 이것이 고백의 힘이다.

고백은 사랑의 관계를 시작하는 출발점이다. 부모와 자

녀 사이에도 고백은 사랑을 계속 자라나게 하는 힘을 갖는
다. 부모가 자녀에게 반복적으로 사랑을 고백하고, 자녀도
부모에게 사랑을 고백하는 그 표현의 시간에서 두 사람이
갖고 있는 사랑이 다시 느껴진다. 고백으로 사랑은 시작되
고 유지된다. 그러니 성경이 하나님이 우리를 향한 고백이
라면, 우리가 그것을 믿고 우리의 고백을 돌려 드려야 한다.
내가 하나님의 사랑을 믿는다고 고백해야 한다.

묵상해야 한다. 묵상은 하나님 사랑이 내 안에 경험되
길 기대하며 하나님 안에, 그 사랑 안에 머무르는 일이다.
하나님은 믿고 고백하는 자에게 임재하신다. 이 임재의 경
험은 사람에 따라 다르게 나타난다. 어떤 사람은 이벤트의
고백처럼 신비한 체험과 함께 찾아오기도 한다. 어떤 사람
은 어느 순간 마음 깊이에서 하나님의 사랑이 느껴지면서
깊은 따뜻함과 평온함을 느끼기도 한다. 어떤 사람은 이런
고백을 하는 동안 서서히 마음이 변화되고 하나님이 자연
스럽게 느껴지기도 한다. 그리고 대부분의 사람은 어느 지
점이 되면 때에 따라 이 모든 방식을 경험한다. 이벤트의 순
간으로 연애를 시작하는 사람도 있고, 소박하지만 감동적
인 고백으로 시작하는 사람도 있고, 특별한 순간 없이 자연
스럽게 서로에게 젖어드는 사람들도 있다.

연애를 하다 보면 대부분 특별한 날도 갖고, 감동적인 순간도 갖고, 일상으로 서로에게 젖어들어 가기도 한다. 고백은 끝이 아니라 시작이다. 내가 고백했다면, 하나님을 기대하며 잠잠히 하나님과 함께 머무르는 시간을 가져야 한다. 기도의 시간일수도 있고, 산책의 시간일 수도 있고, 더 자연스러운 일상의 순간일 수도 있다. 방식은 다양하겠지만 이 기대와 머무름의 시간을 가져야 한다.

실천해야 한다. 실천은 주신 마음에 집중하는 것이고, 주신 마음대로 행동하는 것이다. 내가 하나님 사랑 안에 나를 사랑하는 마음을 갖게 되었다면 그 마음에 집중해야 한다. 그 마음이 사라지지 않도록 그 마음을 소중히 여기며 집중해야 한다. 또, 그 마음으로 나를 대해야 한다. 내가 나를 사랑하고 나에게 새로운 마음을 갖게 되면, 내가 이전과 다르게 나를 대하겠다는 무엇인가가 생긴다. 그것을 실천해야 한다.

이 과정을 통해서 우리는 하나님의 나를 향한 사랑을 알고 그 사랑으로 말미암아 영혼의 회복을 경험하며 나를 사랑할 수 있게 된다. 이것을 하나님, 다른 사람, 세상을 중심으로 반복해야 한다. 성경에서 하나님이 얼마나 아름다운 분이신지 알아가야 한다. 그것을 믿고 고백해야 한다. 그 아름다움을 묵상하며 하나님을 사랑하는 마음에 머물러야 한다. 그래서 주시는 마음이 있다면 그 마음대로 실천해야 한다. 하나님을 기쁘시게 하기 위해서 내가 하고 싶은 것, 하나님을 사랑하기 때문에 내가 하고 싶은 것을 실천하는 것이다. 다른 사람과 세상도 마찬가지다. 말씀을 통해 사람과 세상의 아름다움을 이해해야 한다. 그것을 믿고 고백해야 한다. 그리고 그 아름다움을 느끼며 사람과 사람을 사랑하게 되는 시간을 가져야 한다. 그 사랑으로 인해 내게 생기는 마음으로 행동해야 한다. 그들을 사랑하기 때문에 내가 하고 싶은 무엇인가를 실천해야 한다. 이렇게 할 때, 내 안에 사랑이 자라나게 될 것이다.

사명의 신앙에 익숙한 사람들은 무엇인가 부족하다고 느낀다. 좀 더 구체적인 것, 눈이 보이는 활동을 원한다. 감각을 바꿔야 한다. 신앙생활은 눈에 보이지 않는다. 내면 깊이에서 일어나는 변화가 신앙생활이다. 그 변화를 위해서 성경을 가까이 하고, 말씀을 믿고, 믿음을 고백하며 임재를 기대하고 누리는 것, 그리고 주신 마음을 소중히 지키며, 주신 마음대로 실천하는 것이 신앙생활이다.

모든 사람에게
사랑이
필요하다

모든 사람은 각자가 서 있는 사랑의 자리가 있다. 처음 자리는 주어진다. 태어난 곳이 가장 행운이어서 부모, 가족, 친구, 사회로부터 사랑받고 자란 사람은 자연스럽게 좋은 자리를 얻는다. 태어난 곳이 불운이어서 사랑보다는 방치, 무관심, 부당함, 학대 속에 자란 사람은 자연스럽게 나쁜 자리를 얻는다.

다음 자리를 만든다. 어떤 사람은 주어진 자리에서 앞으로 가고, 어떤 사람은 뒤로 물러선다. 사랑해 주는 사람에게 불평을 늘어놓다가 관계를 망치는 사람도 있고, 자신과 비슷한 어려움을 당한 사람을 돌보면서 스스로를 치유해 가는 사람도 있다. 좋은 자리를 받은 사람들끼리 모여 자신들의 성을 쌓기도 하고, 받은 사랑을 나누며 더 큰 사랑을 만들어 가는 사람도 있다. 다음 자리를 만드는 것은 각자의 영역이다.

우리는 주어진 자리를 받아들이고, 다음 자리를 건강하게 만들어 가야 한다. 하지만 정서적 에너지가 부족하면 다음 자리를 잘 만들어 가고 싶어도 그럴 힘이 없다. 그래서 모든 사람에게 하나님의 사랑이 필요하다. 하나님의 이 모든 사람에게 대답이 되신다.

나를 사랑 해 줄 누군가를 기다리는 사람에게도 하나님의 사랑이 필요하다. 이 사람이 자신을 사랑해줄 사람을 만나는 것은 쉽지 않다. 그럴 수 있는 사람이 많지 않고, 이 사람의 이기적인 태도가 관계를 어렵게 할 것이고, 이 사람이 필요한 만큼의 사랑을 준다는 것은 더욱 어려운 일이다. 이 사랑은 사람보다 하나님에게서 얻을 수 있다. 하나님으로부터 오는 사랑은 우리의 필요에 넘치는 사랑이다. 이 사람은 자주 좋은 사람을 보내 달라고 하나님께 기도하고 그렇게 해 주지 않으시는 것에 대해서 하나님을 원망하기도 한다. 좋은 사람을 소개해 주지 않는 것을 보면 하나님이 나를 사랑하지 않는다고 생각한다. 그렇지 않다. 하나님이 내게 필요한, 내가 기다리는 대상이다. 내가 원하는 사랑은 하나님을 통해서만 받을 수 있다.

사랑이 필요하다

나를 사랑하지만 내가 원하는 만큼 사랑하지 않는 사람에게 항상 불만에 쌓여 있는 사람도 하나님 사랑이 필요하다. 자신이 부족하기 때문에 이미 자신을 사랑하고 있는 사람을 비난했던 것이다. 하나님으로부터 넘치는 사랑을 받으면 그 사람의 사랑에 감사하며 서로 사랑하는 아름다운 관계를 만들어 갈 수 있다.

이 사람은 하나님께 상대를 내가 원하는대로 바꿔 달라고 기도한다. 상대가 변해서 내가 원하는 사람이 되길 기도한다. 그리고 이 기도가 응답되지 않는 것에 자주 실망한다. 그렇지 않다. 하나님은 상대를 내가 원하는 모습으로 바꿔 주시는 분은 아니다. 오히려 내가 하나님의 사랑 안에서 변화되고 안정을 찾는 것이 이 관계에서 더 중요하다.

　내가 사랑받기 위해 다른 사람이 원하는 모습을 보여주던 사람, 그래서 있는 그대로의 내 모습으로는 사랑받을 수 없다고 생각했던 사람에게도 하나님의 사랑이 필요하다. 하나님의 사랑으로부터 있는 모습 그대로의 나를 발견하고 그런 나를 사랑하게 된다. 내 모습 그대로도 충분히 아름답고 사랑받을만한 존재라는 것을 느끼고 안정감을 얻는다. 그 다음에 여러 사람에게 맞춰 줄 수 있는 것은 이 사람의 재능이고 소통능력이 된다. 그것으로 자기소외가 일어나지 않고 진심이 없는 관계가 만들어지지 않는다. 상대에게 맞추지만 관계가 자라나면 있는 그대로의 내 모습도 자연스럽게 보여 주며 관계를 만들기 때문이다.

　이 사람이 하나님이 나를 사랑하신다는 것을 모를 때는, 신앙생활을 하면서 하나님께서 좋아하실 만한 모습을 연습해서 보여 준다. 착한 성도인 척 연기를 한다. 그렇다면 더욱 하나님의 사랑을 알아야 한다. 하나님께서는 노력하고 포장하는 모습이 아니라 있는 내재된 진정한 모습을 사랑하신다. 그것을 알고 누릴 때 진짜 신앙생활을 시작할 수 있다.

　성공을 위해 달려가는 사람에게도 하나님의 사랑이 필

요하다. 성공은 좋은 것이다. 사회적인 열망이나 사명에 따라 성공을 추구하는 것은 자연스럽고 건강한 일이다. 하지만 정서적 결여를 사람들의 인정을 통해서 채우고, 거기서 존재감과 안정감을 찾는 것이라면 하나님의 사랑이 너무나 필요하다. 인정을 통한 정서적 충전은 불안정하다. 그것을 이루지 못했을 때, 그것이 사라질 때 무너져 내리는 것 같은 경험을 하게 된다. 사회적 위치로 얻는 인정은 나 자신이 받는 사랑이 아니기 때문에 내게 필요한 정서를 온전히 채워 주지 못한다. 하나님의 사랑이 이것을 채운다. 하나님의 사랑으로 진정한 나라를 발견하고, 나의 아름다움을 깨달은 사람은 입증할 필요 없이 이미 빛나고 사랑스러운 사람이라는 것을 알게 된다.

성공을 통한 사회적 인정이 정서적으로는 필요하지 않게 된다. 이것은 내면의 풍경을 바꾸고 일을 대하는 자세를 바꾼다. 이것을 알지 못하는 사람은 하나님께 성공을 달라고 기도한다. 성공을 위한 안내 책자와 능력을 달라고 한다. 이것을 주지 않으시면 나를 사랑하지 않으신다고 생각한다. 그렇지 않다. 내가 성공으로부터 얻으려고 했던 것을 하나님의 사랑을 통해서 얻는 것이다.

내일이 걱정인 사람에게도 하나님의 사랑은 대답이 된

다. 오늘의 관계, 오늘의 정서는 괜찮지만 늙음과 함께 이것이 메말라간다는 것을 느끼며 불안해하는 사람에게 하나님의 사랑은 대답이다. 하나님의 사랑은 끝이 없다. 영원하다. 우리가 삶의 현장에서 살아갈 때보다 혼자 남겨진 시간에 하나님의 사랑을 더 깊이, 더 많이 누릴 수 있다. 우리의 늙음에서 가장 준비되어야 하는 것은 신앙이고 하나님의 사랑이다.

혼자 잘 지내는 사람에게도 하나님의 사랑은 필요하다. 우리가 소비적인 관계를 경계하는 이유는 나 혼자 살아가는 평안을 유지하기에 빠듯한 정서 때문이다. 내가 하나님의 사랑 안에 거할 때 이 긴장과 경계로부터 걸어 나올 수 있다. 정서적으로 먼저 다가서는 사람이 될 수 있고, 베푸는 사람이 될 수 있다. 그 과정에서 사랑의 관계를 만나 더 풍성한 관계 속에 진입할 수 있다.

누군가를 돌보면서 사랑을 채워 가는 사람에게도 하나님의 사랑은 필요하다. 이 관계는 한계가 있다. 내가 도울 수 없는 사람이 되면, 내가 도왔던 사람들이 모두 나를 떠나가면 나는 고립과 외로움에 남게 된다. 도움을 주는 사람이라는 것을 나의 정체성으로 삼는 것은 성공을 정체성으로 삼는 것과 크게 다르지 않다. 어느 지점에서 정서적으로 무너져 내릴 수 있다. 하나님의 사랑 안에 있을 때 이 흐름이 달라진다. 하나님께 이미 충분한 사랑을 받고, 그 사랑이 넘쳐서 다른 사람을 돌보는 사람은 상대가 회복되어 떠나는 것에서 기쁨을 느끼고, 더 이상 도울 수 없는 것에 정서적 영향을 받지 않는다. 관계에서 나누는 기쁨을 느낀 것이지, 나의 정서적 기반으로 삼은 것이 아니기 때문이다.

모든 것을 동시에 시도하는 사람에게 하나님이 꼭 필요하다. 그 불안하고 예민한 삶에서 걸어 나와 나를 사랑하시는 하나님을 만나야 한다. 그렇게까지 할 필요가 없다는 것을 알아야 한다. 그것이 나의 해답이 아니라 하나님의 사랑 안에서 아름다운 나를 발견하고 나를 사랑하게 되는 것이 대답임을 깨달아야 한다. 하나님의 사랑 안에서 정서적 만족을 느끼고, 갈증이 아닌 다른 이유로 삶을 살아가게 될 때, 이 사람은 자유와 평온, 만족을 경험하게 될 것이다.

자신의 선함으로 사랑을 실천하는 사람도 사랑의 하나님을 깊이 만나야 한다. 이 사람은 아마 하나님께 사랑을 받았을 것이고, 하나님을 사랑할 것이다. 하지만 사랑의 신앙보다 도덕과 사명의 신앙이 이 사람에게 더 깊이 자리 잡았을 것이다. 그래서 하나님 안에서 나의 아름다움을 발견하고, 다른 사람의 아름다움을 발견해 상대를 사랑하게 되는 지점을 경험하지 못했을 것이다. 사람을 창조의 아름다운 존재로 보기보다 죄인으로 바라보고, 나 같은 죄인에게 하나님이 구원의 은혜를 베푸셨으니, 나도 이것을 본받아, 그 사람이 나쁜 사람이라고 하더라도 베풀어야 한다고 생각하고 있을 것이다. 이 신앙도 위대하고, 이 헌신도 아름답다.

하지만 이것은 하나님께서 이야기하신 사랑과 거리가 있다. 이것을 통해서 내가 헌신의 보람은 느껴도 사랑의 기쁨을 느낄 수 없다. 상대가 나를 통해 도움을 얻고 감사하겠지만, 나를 통해서 하나님이 자신을 아름답게 보시는 사랑을 느낄 수 없다.

이 사람에게 하나님의 사랑을 깊이 경험하는 것이 필요하다. 하나님의 시선으로 나의 영혼이 얼마나 아름다운지 보고 나를 사랑하는 경험이 필요하다. 그리고 다른 사람 안에도 하나님이 만드신 아름다운 영혼이 있다는 것을 볼 수 있어야 한다. 그래서 지금 보이는 부족한 모습에 집중하기보다 그 아름다운 모습에 집중하면서 상대에게 사랑을 베풀 수 있어야 한다. 그것은 나와, 하나님과 상대에게 큰 기쁨이 될 것이다.

사랑받아서 사랑하면서 살아가는 사람에게, 인생을 사

랑하는 사람에게도 하나님의 사랑이 필요하다. 이 사람들은 사랑의 기쁨을 누리고 있고 정서적인 안정과 평화 속에 있기 때문에 필요를 느끼지 못한다. 이미 사랑의 숙제를 해결한 건강한 사람이기 때문에 하나님의 사랑이 필요하다고 생각하지 않는다. 그렇지 않다. 하나님의 사랑은 이보다 넓고 깊기 때문이다. 항상 바닷가에서 놀았던 사람은 자신이 바다를 잘 알고 누리고 있다고 생각한다. 맞다. 이 사람은 바다를 잘 알고 누리고 있는 것이다.

하지만 넓은 바다에 나가본 사람, 아름다운 바다 속을 들어가 본 사람이 보기에 이 사람은 아직 바다를 잘 모르는 사람일 수 있다. 만약 이 사람이 해변을 잘 안다는 이유로 넓고 깊은 바다에 나갈 기회를 줘도 거절한다면, 이 사람은 어떤 면에서 바다를 잘 알지 못하는 것이다. 예수님은 나중 된 자가 먼저 되고, 먼저 된 자가 나중되는 일에 대해서 이야기하셨다. 내가 좋은 것을 갖고 있는 것이 더 좋은 것을 알아가는 기회를 빼앗는다면, 그 좋은 것이 좋지 않은 것이 될 수 있다.

사랑이 답이다!

사람의 사랑은 한계가 있다. 이 사랑은 우리의 인격을 건강하게 하고 정서를 풍성하게 하지만 우리의 영혼을 깨우지 않는다. 하나님의 사랑은 우리의 영혼을 깨운다. 우리 안에 잠들어 있는 진정한 모습이 깨어나게 한다. 내가 인지하지 못하고 있었던 나를 만나게 한다. 그러니, 사람들의 사랑을 갖고 있다고 해서, 하나님의 사랑에 무관심한 것은 아쉬운 일이다. 이 사랑을 기대해야 한다. 사랑이 무엇인지 알고 있기 때문에 더 쉽게 하나님의 사랑을 알아갈 수 있다. 이 사람을 경험하면 내 안에 있던 영혼이 깨어나 새로운 나를 만나게 될 것이다.

하나님의 사랑은 우리에게 중요한 대답이 된다. 어떤 사람은 자신이 사랑에 무관심하다고 이야기한다. 하지만 그가 성공에 매진하고, 모든 것을 얻고 싶어 하고, 다른 사람에게 맞추면서 살아가는 것은 사랑에 의해 결정된 삶의 태도이다. 사랑에 관심 없다고 하지만 사실 사랑에 의해 움직이고 있다. 이 사람에게 사랑이 답이다.

어떤 사람은 자신이 사랑을 가장 중요하게 생각하고 거기에 골몰하고 있다고 이야기한다. 하지만 방향이 틀렸다. 누군가 나를 사랑해 줄 사람을 찾는 것, 나를 사랑하는 사람에게 화를 내면서 더 많은 사랑을 받아내려고 하는 것은 좋은 방향이 아니다.

어떤 사람은 자신이 이미 사랑의 답을 찾았다고 이야기한다. 어려운 사람을 헌신적으로 돕고, 나와 상관없는 사람에게도 사랑을 베푸는 사람이라고 이야기한다. 하지만 답이 틀렸다. 그것은 사랑이기보다 도덕이고, 베풂이다. 그것으로 사랑의 숙제가 해결되었다고 생각하는 것은 맞지 않다.

어떤 사람은 사랑을 이미 갖고 있다고 이야기한다. 사랑을 갖고 있다. 사랑받았고, 사랑한다. 나 자신을 사랑하고 인생을 사랑한다. 그것이 사랑에 대한 답이다. 이미 답을 갖고 누리고 있다. 하지만 더 있다. 그것은 초보적인 단계다. 더 깊은 사랑이 있다. 그 사랑은 초보적인 사랑과 같은 것이라고 하기에는 민망할 정도로 깊고, 넓고, 높은 것이다.

하나님의 사랑은 우리에게 중요한 답이다. 사랑이 관심 없는 사람이나, 골몰하는 사람, 답을 얻었다고 생각하지만 잘못된 답을 가진 사람, 참된 답을 가진 사람에게도 하나님의 사랑은 중요한 답이다. 이것이 나에게 진정한 대답이 될 수 있다는 것을 깨닫기 바란다. 그리고 이 답을 나의 답으로 만들어 가길 바란다. 하나님께서 나를 사랑하신다. 우리가 그것을 느끼기 시작하면 모든 것이 바뀐다.